蓬安县政协学习文史联谊委员会
四川古城堡文化研究中心
编著

西南财经大学出版社
·成都·

图书在版编目(CIP)数据

运山古城/蓬安县政协学习文史联谊委员会,四川古城堡文化研究中心编著.—成都:西南财经大学出版社,2017.12
ISBN 978-7-5504-3311-3

Ⅰ.①运… Ⅱ.①蓬…②四… Ⅲ.①古城—介绍—蓬安县
Ⅳ.①K928.5

中国版本图书馆CIP数据核字(2017)第298102号

运山古城
YUNSHAN GUCHENG

蓬安县政协学习文史联谊委员会
四川古城堡文化研究中心 编著

责任编辑:林伶
封面设计:墨创文化
责任印制:封俊川

出版发行	西南财经大学出版社(四川省成都市光华村街55号)
网　　址	http://www.bookcj.com
电子邮件	bookcj@foxmail.com
邮政编码	610074
电　　话	028-87353785　87352368
照　　排	四川胜翔数码印务设计有限公司
印　　刷	郫县犀浦印刷厂
成品尺寸	148mm×210mm
印　　张	8.25
彩　　插	16页
字　　数	225千字
版　　次	2017年12月第1版
印　　次	2017年12月第1次印刷
书　　号	ISBN 978-7-5504-3311-3
定　　价	60.00元

远山功烈耀千古

龙显昭
丁酉孟冬

中国秦汉史学会理事、四川省历史学会副会长龙显昭教授为本书题词

运山

远眺运山城

俯瞰运山山顶

宝祐纪功碑

东门

“蓬安县文物保护单位”碑刻

从运山西望嘉陵江

外城墙一段

地藏岩

运山城出土的磨制穿孔石刀

南宋青玉花鸟纹佩饰
（1964年蓬安县出土）

南宋三螭纹玉璧
(1964年蓬安县出土）

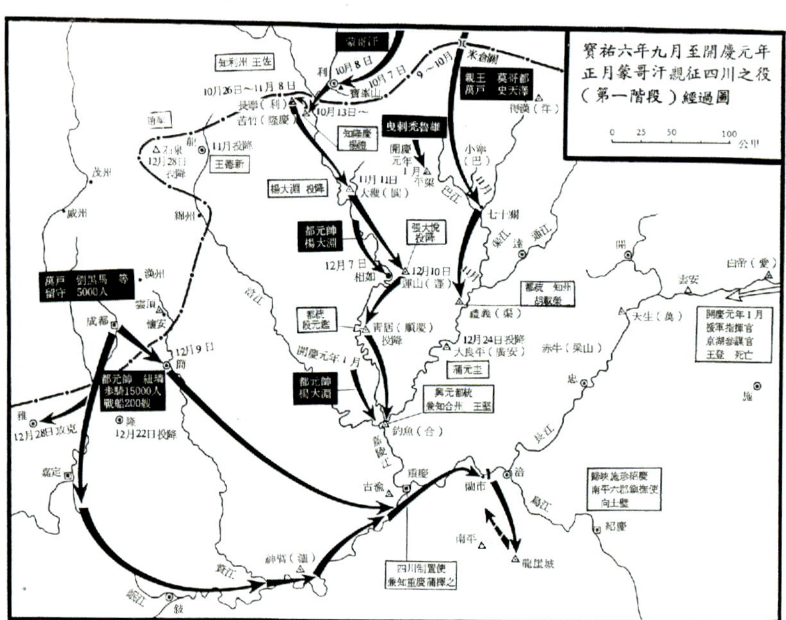

宝祐六年蒙哥征蜀路线图（李天鸣绘制）

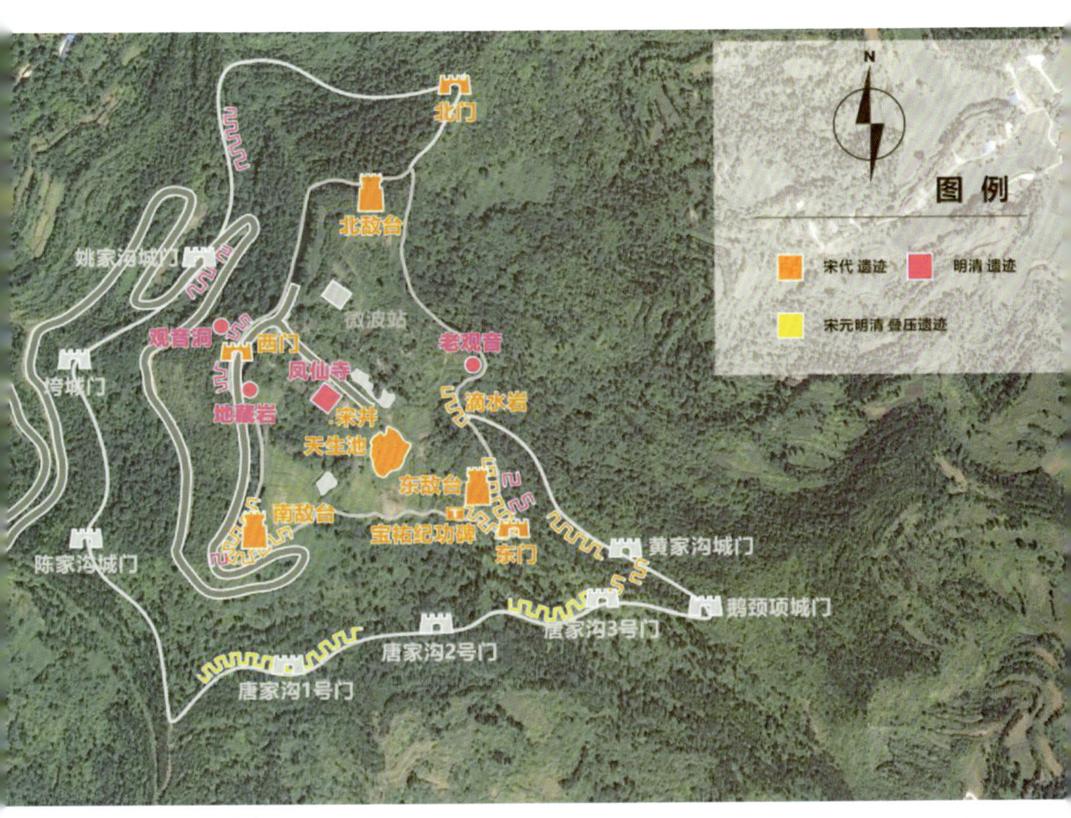

N
图例
宋代 遗迹
明清 遗迹
宋元明清 叠压遗迹
北门
北敌台
姚家沟城门
微波站
观音洞
西门
老观音
凤仙寺
地藏岩
滴水岩
宋井
天生池
东敌台
南敌台
宝祐纪功碑
东门
黄家沟城门
陈家沟城门
鹅颈项城门
唐家沟3号门
唐家沟2号门
唐家沟1号门

运山城遗址遗迹分布图

古蹟

蓬池在州東六十里梁於此置大寅縣唐開元時爲州治遺址猶存雲山州城宋州治雲山上鑿山爲基壘石爲城上有四門南北二路可負戴而登東西危峻斗絕今城基崖刻見存○淳祐五年乙巳三月奉大闕來守蓬越明年夏拜宸命特詠維茲山城制置大使尚書余公躬履相視經始肇建大淵視事之初慨郡治弗稱於是拓公宇建麗譙區別民居分畫市井增築城壁鑿開四水池自東至南門西至北門宏創敵樓輔以更樓凡五十餘座明年築大蓬坎之基三敵樓雄架其上又明年改闢東門懸峭千尺環城壯勢具矣

《杨大渊修建运山城记》（正德《蓬州志》）

載念文事當修亟起郡學立孔殿寺觀神祠咸鼎新之是役也皆本郡人上下一力毫髮靡勞於民期無負任使責成之意因紀顛末日詔無窮○淳祐十一年七月楊大淵書○州人張相雲山懷古詩斗絕懸崖西上同盤旋危磴上雲峯昔年城郭空啼鳥今日山林有卧龍蒼壁題遺名士刻白雲時鎖梵工宮我來未暇無生問懷古傷秋思萬重良山縣在營山縣東北一百二十里梁置安固縣屬伏虞郡太清又置宕渠郡及景陽郡周立蓬州治安固唐天寶改安固曰良山元廢方州在金城山唐武德三年置尋廢古儀隴縣在今縣西三十里羔羊縣在大儀山下伏虞縣

《运山古城》文史编辑委员会

序 Xu

蓬安，地处嘉陵江中游，位于四川省东北部，春秋系巴国地，秦属巴郡，汉初属安汉县，是汉代大辞赋家司马相如的故里。公元 507 年（梁武帝天监六年），梁武帝为纪念司马相如，划安汉县地增置新县，“以司马相如所居之地为县”，特以相如名县，以相如故宅为县治。公元 569 年（北周天和四年）置蓬州。公元 1371 年（明太祖洪武四年）省相如县入蓬州。公元 1913 年（民国二年），废蓬州，取蓬州、安汉两名之首字，定名蓬安县。

在漫长的历史长河中，生活在这片热土上的先民，创造了灿烂的古代文明，留下了一处处饱含智慧结晶的历史遗存。“赋圣故里”“运山古城”，是蓬安建县 1 500 余年来积淀至今的最值得珍视的历史财富。但这些宝贵的文化资源，正在逐渐淡化，没有得到有效的发掘、保护和利用。

作为历史上“蜀中要塞”“四川八柱”之一的运山古城，是一处非常值得关注和发掘的古城堡和古战场遗址。为深入探寻其历史文化，充分发掘其旅游资源，政协蓬安县第十届委员会启动了《运山古城》文史编撰工作。

运山古城位于蓬安县河舒镇燕山村，与金堂云顶城、苍溪大获城、通江得汉城、奉节白帝城、合川钓鱼城、高坪青居城、剑阁苦竹隘一起，齐称为南宋四川“八柱”，是南宋苦心经营抗击蒙古军的四川山城防御体系中的重要城堡之一。

《运山古城》一书系统研究了运山古城的历史，全面梳理了运山古城创修、扩建、营缮、使用、毁弃、重建的历史过程，全面盘点了运山古城的历史遗迹，从中国西南、西北地区和嘉陵江流域的大角度来观察、研究运山古城，历史信息量十分丰富。本书引用史料丰富翔实、论证逻辑严谨、观点客观理性，汇集了四川古城堡文化研究中心近年来研究运山古城的重要成果。本书还系统评估了运山古城的文化价值、旅游价值，观察了国内外同类山城遗址保护与利用现状，提出了建设运山城遗址公园的设想，对蓬安推进文化与旅游融合发展具有显著的启发意义。

阅读本书，可以领略雄关险隘、铜墙铁壁的城堡气概，可以品味金戈铁马、烽火硝烟的历史沧桑，可以感触护卫乡土、守望桑梓的家国情怀，可以体悟薪火相传、生生不息的人文精神。

人民政协文史工作是政协独具特色的重要工作，也是履行职能的重要形式，对文化事业发展和历史研究发挥着不可替代的作用。当前，中国特色社会主义进入了新时代，人民政协文史工作如何更好地服务于巩固和扩大爱国统一战线，服务于经济社会发展需求，发挥好“存史、资政、团结、育人”的独特作用，需要在新的历史条件下不断探索、勇于实践。对于地方政协文史工作来说，一个重要方面就是用好乡土资源、讲好乡土故事，守望乡土情怀、培护乡土根脉，传承乡土文明、服务乡土建设。

基于上述思考，我们在文史编撰工作中，既勇于创新，又精益求精，成立了县政协文史顾问委员会和《运山古城》文史编辑委员会，探索与西华师范大学历史文化学院、四川古城堡文化研究中心、四川省司马相如研究会等专业机构开展交流与合作，并以学术专著形式出版合作成果。

我们希望，通过本书的编著、出版，能够更广泛吸引社会各界了解运山古城以及嘉陵江流域这一片历史悠久的土地，更加关注这一方沃土，更加聚力这一方发展。

政协蓬安县委员会主席

刘晓林

2017 年 12 月

目录 contents

第一章 蓬安县及运山城遗址概况

penganxian ji yunshancheng yizhi gaikuang

一、蓬安县地理概况

蓬安县地处嘉陵江流域中游，东与营山县、渠县接壤，南与岳池县、广安区相依，西与顺庆区、高坪区、南部县相邻，北与仪陇县相连，东西宽约 22 千米，南北长约 61 千米，幅员面积 1 334 平方千米。

蓬安县境内地貌以丘陵低山为主，浅丘平坝为辅，一般海拔位于 500~800 米。境内山脉较多，有白云山、龙角山、锦屏山、凤凰山等。

蓬安历史文化悠久，早在新石器时代就有人类在此繁衍生息。东周时期，巴国为楚、蜀所逼，迁都阆中，蓬安为巴国属地。秦惠文王后元九年（周慎靓王五年，公元前 316 年），秦灭巴蜀，在巴蜀地区设郡县，蓬安属巴郡阆中县。西汉初期分阆中县置安汉县，县内南境属安汉县，北部仍属阆中县。南朝宋、齐时期，隶属仍旧。梁天监元年（502 年），分阆中县地置大寅县，属隆城郡。天监六年（507 年）梁武帝萧衍分安汉县地增置新县，县治设于嘉陵江西岸司马相如故居所在地，即今之蓬安县锦屏镇，为纪念司马相如，特以相如名县，并置梓潼郡辖相如县，郡、县同治。西魏攻占蜀地时，梓潼郡废，相如县改属南宕渠郡。北周武帝天和四年（569 年），分西魏隆州隆城郡、罗州伏虞、义安郡置蓬州，以州内大小蓬山为名，治安固，领四县。隋开皇三年（583 年），渠州景阳郡改属蓬州，领安固、伏虞、仪陇、大寅、宕渠、绥安（开皇十八年改名咸安）六县，州治安固。隋大业三年（607 年），蓬州废，所领六县分属巴西、清化、宕渠三郡。唐武德元年（618 年），复置蓬州，仍领六县。武德年间（618—626 年），大寅县移治蓬池坝，后改蓬池县。唐玄宗开元二十九年（741 年），蓬州徙治蓬池县（今蓬安县茶亭乡蓬池坝），州县同治，属山南西道。天宝元年（742 年），改蓬州为咸安郡。唐肃宗至德二年（757 年）改蓬州为蓬山郡，乾元元年（758 年）复改为蓬州，仍领六县。北宋开宝六年（973 年），废道置西川、陕西路，蓬州属陕西路。太平兴国六年（981 年），并西川、陕西路为川陕路，蓬州属川陕路。宋真宗咸平四年（1001 年），分置利州路，蓬州属利州路。南宋理宗淳祐三年（1243 年），四川安抚制置大使余玠将蓬州、蓬池、朗池、相如一州三县徙治运山，筑运山城，以抵御蒙古大军入侵。宝祐六年（1258 年），运山城守将张大悦降蒙，置蓬州路宣抚都元帅府，相如改属蓬州。元至元十五年（1278 年），毁运山城，徙蓬州治于相如县（今锦屏镇），州县同治。至元二十年（1283 年），置蓬州路总管府，后复改蓬州。明洪武年间相如县省入蓬州直辖。明崇祯十七年（1644 年），张献忠在成都建立“大西”政权，蓬州属“大西”顺庆府。清顺治七年（1650 年），蓬州改为不领县的县级散州，仍属顺庆府。清宣统三年（1911 年），辛亥革命爆发，四川于 11 月先后成立大汉四川军政府和大汉蜀北军政府，蓬州属大汉蜀北军政府。1912 年 1 月 1 日，中华民国成立，蓬州改属四川省川北道。民国二年（1913 年）废州改县，改蓬州为蓬安县。1933 年，蓬安嘉陵江以东大部解放，属川陕革命根据地。1949 年 12 月 12 日，蓬安县解放。1957 年，蓬安县治由锦屏镇迁至周口镇。由此可见，蓬安从梁天监年间迄今已有 1 500 余年的建县历史。

悠久的历史为蓬安留下了璀璨的历史文化遗产。根据《蓬安县第三次全国文物普查不可移动文物名录》记载，蓬安县境内共发现不可移动文物 614 处。其中有白岩寨、天宝寨、永安寨、梅家寨、千佛寨、人和寨、老寨子、伏岭寨、来苏寨等10余处城寨[①]。这些城寨保存较好，各具特色，是蓬安县珍贵的历史文化资源，运山城遗址则是其中最为突出的一处，具有重要的学术价值和现实利用价值。

二、运山城地理环境

运山城遗址位于四川省蓬安县河舒镇内，西北距蓬安县城约6千米，正南方距河舒镇约1千米，西距嘉陵江约7.5千米。从古代交通地理位置上来看，运山城地处南北交通要道——嘉陵江水道，上可通阆中、广元，经金牛道出川；下可浮舟至南充、合川、重庆，进而沿长江出夔门。陆路方面，蓬安位于成都到万州的小川北路干道上。该道路是由成都东向出川的捷径，在唐宋时期已经比较成熟，宋代范成大由静江府（今桂林）到成都时即取此道[②]。余玠当时择取运山修建山城的重要原因之一就是考虑到其重要的交通区位。见图1-1。

运山城一带为丘陵地区，丘陵此起彼伏。运山城所在山体在宋代至清代前期或称运山，或称披衣山、燕山（为方便起见，本书统称运山），在方圆数十里内是最高的丘陵。从地貌类型而言，运山属桌状山，山顶宽平，西北高、东南低，平面形状恰似一柄斧钺，北面为首部，南面为刃部。总面积约20万平方米，最高点海拔571

---

① 蓬安县全国第三次全国文物普查领导小组办公室编：《蓬安县第三次全国文物普查不可移动文物名录》，2011年。

② 范成大．范石湖集［M］．上海：上海古籍出版社，1981．另参见金生杨．小川北路纪行文献述论［M］//地方文化研究辑刊．成都：巴蜀书社，2013.

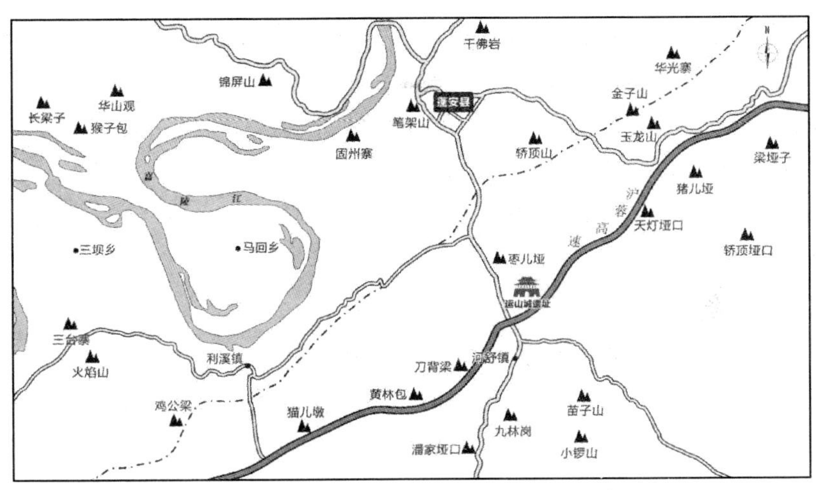

图 1-1 运山城位置示意图

米（N30°59′31.94″、E106°26′38.24″，微波站附近）。山顶部四周岩石迂曲，多为高约数十米的峭岩绝壁，难以攀援，只有通过运山北、东的山脊以及西面的缓坡方能进入城内。

运山与其他巴蜀地区宋元古城堡所在山体既有共性，也有个性。首先，从山体相对高度方面看，山顶与山脚的高差约 200 米，这样既方便拓宽视野、观察敌情，提高城寨的防御能力，又便于出耕入战。这与四川地区盆地北部、中部的同期古城堡相类似，如合川钓鱼城、广安大良城、苍溪大获城等，但与盆地南部的个别古城堡，如兴文凌霄城、南川龙岩城等有所不同。后者因当地多大山，所以古城堡往往位于较高的山体之上。其次，运山为典型桌状地貌，呈现出缓坡与峭壁相结合的特点，从山脚至山腰部分以缓坡地形为主，而接近山顶部时，地形则发生突变，出现高约数米至数十米的悬崖峭壁。这种缓坡与峭壁相结合的特点在同期巴蜀古城堡中十分常见，如合川钓鱼城、渠县礼义城、广安大良城、巴中平梁城、巴中小宁城等都是这种地形。这种地形一方面扩大了防御范围，增加了防御纵深，另一方面增强了核心区域的防御能力，与之相适应的防御设施往往体现为内外两重防线。即使在缓坡地带的外城防线失守后，也能够以山顶部悬崖及城墙构成的内城防线继续作战。

山顶大部土壤深厚，土质肥沃，有耕地数十亩，现种植果树、花卉、油菜、玉米、小麦、大豆等。山顶现有塘堰四口，以天生池最大。由于山顶中部凹陷，中间塘堰四季充盈，足够耕作和牲畜饮用之用。天生池旁有深井一口，水源充足，可供山顶居民生活用水。因而，山顶长期有人居住，20 世纪末仍有数十户人家，人口百多人，但近些年人口外迁严重，仅剩余几户人家，常住人口不到十人了。见图 1-2、图 1-3。

图 1-2　近观运山城（西面）

图 1-3　运山城航拍图

第二章 各界对运山城遗址的调研

gejie dui yunshancheng yizhi de diaoyan

运山城遗址是蓬安乃至整个巴蜀地区最具代表性的古代军事遗址之一，因此历来备受关注。《宋史》《元史》等正史文献对运山城多有言及，其后的明清方志也多有传载。历史上文人学士登临游览者甚伙，颇多吟咏之作。但详细、专业的田野考察却始于20世纪七八十年代，四川大学胡昭曦、邹重华，四川省社科院陈世松，北京大学考古文博学院孙华，钓鱼城研究院刘道平、池开智等人均考察过巴蜀地区多个宋蒙城寨并有相关论著发表，其间不乏涉及运山城者。蒋明善、陈言昌、潘学茂、邓郁章等蓬安本地学者及蓬安县文管所相关同志更是多次实地调查运山城，并有专论。这些成果不但推进了宋蒙城寨的研究，更引发了社会各界对运山城遗址的关注。进入21世纪特别是2010年后，随着巴蜀宋蒙城堡研究的进一步推进，运山城遗址吸引了越来越多专家学者和科研机构的目光，运山城相关史实整理和研究不断深入，城址内更多的遗迹遗物被不断发现，诸多新闻媒体也争相报道。2014年以来，四川古城堡文化研究中心先后12次实地调查运山城遗址，获取了大量第一手材料，并在多个场合对运山城遗址进行广泛宣传，进一步扩大了运山城遗址的学术知名度和社会影响力。

一、文史学者的调研

（一）本地学者的调研

蓬安是司马相如故里，文化积淀极为深厚，历代文人辈出。中华人民共和国成立以来，蓬安县大批文史学者投身到蓬安本地文化的调查、研究和宣传工作中，不少学者将研究目光投向了蓬安境内的众多山城寨堡的代表——具有近八百年历史的运山城遗址，其中有5位学者的研究工作尤其值得一述。

蓬安县志办的蒋明善先生是最早对运山城遗址进行详细调查，并且著有专题性研究文章的学者。蒋明善先生于1985年对运山城遗址做过较为详细的实地调查，随后在1985年第4期的《南充史志》上发表了《古蓬州——运山城的历史作用》① 一文。蒋明善先生在文中旁征博引，较为详细地论述了运山城所处的地理位置、运山城的修建背景及修建过程、宋蒙双方对运山城的争夺、运山城在宋蒙战争中发挥的重要作用等问题。此文是目前所见第一篇专论运山城的文章，具有重要的参考价值。但是，该文侧重于文献梳理和分析运山城的历史作用，未对城内现存遗迹遗物等情况进行详细记录和介绍，稍有遗憾。20世纪90年代，蒋明善先生又在《蓬安县文史资料选辑》上发表了《红军在蓬安》② 一文，详细梳理了红军解放蓬安的经过、红军在蓬安地区的主要革命活动以及红军在蓬安及边境进行的反“围剿”战斗等重要史实。同时提到了驻守在燕山寨的红军与四川军阀杨森的军队在燕山寨血战的历史事实，为研究民国时期的燕山寨提供了重要信息。

1989年，蓬安县文管所的陈言昌先生实地调查了运山城遗址，并于当年在《四川文物》上发表了《南宋运山古城遗址》③ 一文。此文着重梳理了运山城的历史，对山城遗址本身几乎没有介绍，只简单提及城内至今存有宝祐纪功碑、南宋移治碑及古城遗址，并称“城制规模无考”，实未细察也。但不可否认，此文对运山城相关文献的梳理及重要碑刻信息的提供对后来研究者仍有较为重要的参考价值。此外在20世纪90年代，陈言昌先生与龚之硕先生合著的

① 蒋明善. 古蓬州——运山城的历史作用［J］. 南充史志，1985（4）.

② 蒋明善:《红军在蓬安》,《蓬安县文史资料选辑》（第一辑），1991年。

③ 陈言昌. 南宋运山古城遗址［J］. 四川文物，1989（4）.

《蓬安县建制沿革简介》① 一文中，也提到宋末蓬州迁治运山一事，言及城中尚存宝祐纪功碑等题刻，但未深论。

20 世纪 90 年代，蓬安潘学茂先生在《蓬安县文史资料》发表了《名山燕山寨》② 一文。潘先生在文中较系统地梳理了运山城历史，值得一提的是，此文不局限于宋代，而对明清之际、清代中后期乃至民国时期的运山城历史皆有梳理，这是在以往研究基础之上的进一步拓展。此外，潘学茂先生还探讨了运山城所处的地理形势、自然条件及其与周边寨堡的关系等问题，这是研究深度和视角上的又一次延伸。文中还提到一些运山城的奇闻逸事，也为运山城历史文化研究提供了很好的参考。遗憾的是，此文仍然重在史实梳理，未对运山城遗址内的遗迹、遗物进行详细记录和介绍，运山城遗址遗迹分布及保存状况仍然不明。

蓬安县知名学者邓郁章先生对蓬安历史研究颇深，对运山城遗址也有深厚的感情。邓郁章先生曾实地考察运山城遗址，并在《运山古城：一部精彩的历史》③ 一文中第一次详细介绍了运山城在民国时期的历史，对南宋移治碑和宝祐纪功碑等重要碑刻材料有所提及，但所涉遗迹遗物仍不多。2007 年，由邓郁章先生编注的《相如故里风光吟》一书中④，专列“运山丰碑”一节，收录明代以来吟咏运山古城的 5 首诗作。

2007 年，蓬安本地学者唐树柏先生整理完成了《运山古战

① 陈言昌、龚之硕：《蓬安县建制沿革简介》，《蓬安县文史资料选辑》（第四辑），1994 年。

② 潘学茂：《名山燕山寨》，《蓬安县文史资料选辑》（第五辑），1995 年。

③ 邓郁章. 运山古城：一部精彩的历史［N］. 南充日报，2005-04-11.

④ 邓郁章. 相如故里风光吟［M］//相如故里文化旅游丛书. 成都：四川人民出版社，2007.

场》[①] 一文，并收录于《相如故里文化旅游丛书》中。唐先生此文文史结合，既有历史文献的引证，亦有文学语言的创作，洋洋洒洒数千言，将运山城的修建背景、相关历史等生动呈现，其间偶有涉及运山城遗址现存的城墙及纪功碑等遗迹。但此文创作意味远大于学术，文中部分史实有误，如将运山城前期守将杨大渊误作张大悦等。此外关于宋蒙双方攻守过程及相关语言的描写亦全凭文学创作，并无史料依据。

当然，蓬安本地实地调查过运山城并撰写文章的远不止上述5位学者，大量本地学者和文史爱好者选择以游记或散文等形式记录调查、游览运山城的过程及所思所想，这些作品大多发表于个人主页或博客，仅在小范围内传播，虽然未在学术刊物公开发表，但其中蕴含不少可用信息，为后来的调查研究提供了宝贵的线索。

综上所述，蓬安本地学者对运山城遗址的调查和研究侧重文献梳理，探讨的问题主要集中于运山城的历史、运山城的地位和作用等方面，对遗址本身关注较少。但不可否认，他们的研究工作具有重要的开创意义，他们对运山城历史的梳理为后来研究者提供了宝贵的参考资料。

（二）其他学者的调研

巴蜀宋蒙城堡的调查和研究开始于20世纪50年代，并在70年代末到90年代末出现了研究的热潮。其后逐步发展，学界开始将研究视角转向整个宋蒙山城攻防体系的诸多山城寨堡。大批宋元史专家也投身到巴蜀古城堡的调查与研究中来。这些学者逐渐走出文献，越来越重视由实地调查获取第一手材料，并且逐步摆脱孤立研究某一城寨的研究范式，开始以整体视角探讨宋蒙山城攻防体系

① 唐树柏. 运山古战场［M］//相如故里故事集. 成都：四川人民出版社，2007.

的建立和运作等问题。而运山城既是南宋“八柱”之中坚，又是蒙（元）灭宋“蜀四帅府”之主力，无论从何种角度来研究，都是无法回避的重点。

20 世纪 70 年代末，四川大学胡昭曦先生在整理宋蒙战争史料的同时，先后对今四川、重庆境内的 15 座山城、2 处水碛、1 处铁锁关的地理位置、城防设施、战斗地点、交兵路线等问题进行过考察，获取了大量第一手资料。1985 年以来，胡昭曦先生在大量整理相关文献材料和实地调查资料后先后出版了《宋末四川战争史料选编》① 《宋蒙（元）关系史》② 《巴蜀历史考察研究》③ 等论著，推动了巴蜀宋蒙山城遗址的调查与研究工作。这些论著虽非运山城专论，但也有部分章节和内容涉及运山城。如 1984 年胡昭曦与唐唯目先生合著出版的《宋末四川战争史料选编》专门整理了光绪《蓬州志》关于运山城遗址的记载，并辑录南宋移治碑、宝祐纪功碑全文，极大地方便了后来的研究者。遗憾的是，胡昭曦先生未亲至运山城遗址开展实地调查，因此对运山城的研究及论述亦多侧重于文献梳理方面。

与胡昭曦先生同时期，四川省社会科学研究院陈世松先生也开展了大量宋蒙城堡的调查研究工作。陈世松先生最初对南宋四川制置使余玠颇为关注，其《余玠传》对包括运山城在内的巴蜀山城防御体系有翔实的论述。1986 年，陈先生又出版了《蒙古定蜀史稿》④ 一书，其中第三章专题论述余玠治蜀及修筑了包括运山城在内的 20 座城寨。

---

① 胡昭曦，唐唯目. 宋末四川战争史料选编［M］. 成都：四川人民出版社，1984.
② 胡昭曦. 宋蒙（元）关系史［M］. 成都：四川大学出版社，1992.
③ 胡昭曦. 巴蜀历史考察研究［M］. 成都：巴蜀书社，2007.
④ 陈世松. 蒙古定蜀史稿［M］. 成都：四川省社会科学院出版社，1985.

20世纪90年代初，陈志学、杨荣新先生发表的《四川宋末抗元山城遗址概述》① 和薛玉树先生发表的《宋元战争中四川的宋军山城及其现状》② 二文中，均提及运山城遗址，但介绍粗略，篇幅亦较小，不过寥寥一二百字而已。此外，还有大量与宋蒙城堡相关的调查研究成果也或多或少地涉及运山城遗址，难以一一列举。

进入21世纪以来，运山城遗址调查研究工作取得了长足进展。2015年，西华师范大学四川古城堡文化研究中心蒋晓春、雷晓龙在多次实地调查运山城后，合作发表了《四川省蓬安县运山城遗址调查简报》③，第一次详细介绍了运山城遗址的地理形势、现存遗迹、相关史实等，对运山城现存遗迹进行了全面普查和科学的数据测量、文字记录、图像采集工作，并对东门等重要遗迹进行了考古测绘，而且依据考古类型学方法对城内现存遗迹做了初步的形制分析和时代判断，真正意义上将运山城遗址纳入考古学研究视野。其后蒋晓春、雷晓龙、刘菊发表《四川蓬安运山城遗址的调查与初步研究》④ 一文，对运山城修建、扩建经过，运山城防御体系特点，宋蒙战争期间及其后的运山城史实进行了初步探讨，基本理清了运山城的发展历史。2016年6月，雷晓龙在这两篇文章的基础上进一步深化研究，完成了题为《四川蓬安运山城遗址调查与研究》的硕士学位论文，顺利通过答辩，并获评为“2016年西华师范大学优秀硕士学位论文”⑤。虽然此文还有不少值得进一步研究和完善的

---

① 陈志学，杨荣新. 四川宋末抗元山城遗址概述 [J]. 文史杂志，1990（1）.

② 薛玉树. 宋元战争中四川的宋军山城及其现状 [J]. 四川文物，1993（1）.

③ 蒋晓春，雷晓龙. 四川省蓬安县运山城遗址调查简报 [J]. 西华师范大学学报，2015（2）.

④ 蒋晓春，雷晓龙，刘菊. 四川蓬安运山城遗址的调查与初步研究 [M] //郑敬东. 钓鱼城与世界十三世纪史学术研讨会论文集. 沈阳：东北大学出版社，2016.

⑤ 雷晓龙. 四川蓬安运山城遗址调查与研究 [D]. 南充：西华师范大学，2016.

地方，但确为目前关于运山城遗址资料最翔实、研究最深入、图照最丰富、结论最科学的研究成果。

2016 年 6 月，上海大学文学院研究生李帆发表的《运山城与白帝城的比较研究——以宋元时期为中心》[①] 一文，从地理概况、历史背景、战况经历、战略地位、历史作用等方面分析运山城与白帝城的异同，首次将运山城与其他山城进行比较研究。

著名文史作家马恒健先生实地调查过巴蜀地区大量古城堡，其中便包括运山城遗址。2010 年，马先生曾在《家庭生活报》上刊登了《运山城：横亘半空护川东》[②] 一文，介绍并探讨了运山城的历史和遗迹，后收入其《蜀地最后的秘境》[③] 一书。

除以上学者的调研成果外，在网络上也可散见一些游客登临游览运山城遗址的文章，多为游记及简单介绍，较之上述文章无明显突破，不再一一列举。

二、专业机构的调研

（一）文物管理部门

20 世纪 80 年代，蓬安县文物工作者对运山城遗址进行了较为详细的文物调查，划定了运山城遗址保护范围。1985 年 6 月 8 日，蓬安县人民政府正式公布运山城遗址为蓬安县文物保护单位，将运山城遗址纳入文物部门和法律法规的保护之下。

---

① 李帆. 运山城与白帝城比较研究——以宋元时期为中心［J］. 贵阳学院学报，2016（3）.

② 马恒健. 运山城：横亘半空护川东［N］. 家庭生活报，2010-06-08（8）.

③ 马恒健. 蜀地最后的秘境［M］. 合肥：安徽文艺出版社，2016.

第三次全国文物普查中，蓬安县文管所再次对运山城遗址进行了全面普查，对城内现存城墙、城门、摩崖题刻等具体数据进行了测量和记录，并以此为材料编入《中国文物地图集·四川分册》，为后来的调查研究提供了宝贵的数据参考。

近年来，随着对运山城遗址关注度的提升，各地前往此处调查的科研院所越来越多，南充市及蓬安县文物管理部门亦多次陪同前往调查，并屡获新发现。

（二）司马相如研究会

2003 年，司马相如研究会在蓬安成立，2004 年在蓬安召开了全国第一次司马相如学术研讨会。为考证相如县治所迁徙等问题，2004 年 5 月，在蓬安县人民政府的支持下，司马相如研究会和蓬安县文体旅游局邀请了西华师范大学历史文化学院和文学院的老教授龙显昭、王明元、徐才安、周子瑜及南充市有关专家一行 7 人对运山城遗址内的城墙、摩崖碑刻、老观音龛等遗迹进行了实地调查。周子瑜等专家学者登临山顶，颇生感触，还写下了怀古诗作，后被收入《相如故里风光吟》[①] 一书。

（三）四川省文史馆

2013 年 4 月 9 日，四川省文史馆副馆长、省政协常委徐万华一行 8 人在南充市文管所、蓬安县文管所、四川古城堡文化研究中心等单位相关同志的陪同下，驱车前往运山城遗址开展实地调查。专家们对运山城遗址的历史文化价值给予了高度评价，并建议在今后要开展更为深入、全面的调查工作和考古勘探、发掘工作。

（四）四川古城堡文化研究中心

早在 2012 年 9 月，西华师范大学历史文化学院王雪梅、金生

① 邓郁章. 相如故里风光吟［M］//相如故里文化旅游丛书. 成都：四川人民出版社，2007.

杨、高然、范双双等就初步调查了运山城。2013 年年初，西华师范大学成立了四川古城堡文化研究中心，是全国首家专门调查研究巴蜀地区古代军事城堡遗址的专业学术机构。2013 年 4 月，中心成员李健、蔡东洲、蒋晓春、符永利等陪同四川省文史馆专家考察了运山城。上述两次考察虽未作详细记录，但对运山城的情况有了初步的了解，为后来的详细调查奠定了基础。2014 年以来，四川古城堡文化研究中心先后 12 次派员前往运山城遗址进行详细考古调查，是目前调查运山城遗址次数最多、掌握资料最丰富的专业团队。四川古城堡文化研究中心历次调查运山城遗址的情况如下：

1. 调查过程

2014 年 6 月 1 日，西华师范大学副校长李健教授，西华师范大学历史文化学院院长蔡东洲教授，四川古城堡文化研究中心主任蒋晓春教授，符永利博士，中心成员罗洪彬、雷晓龙、于瑞琴、郝龙、刘菊、高新雨等一行数人在蓬安县文管所汤跃明所长的陪同下对运山城进行了首次较为全面的田野调查，此次工作主要在内城区域展开，目的是摸清城内遗迹分布及保存情况，为后续调查研究工作准备基础材料。调查组对内城区域的城门、城墙、龛窟、洞窟、堰塘、寺观遗址等重要遗迹进行了详细的数据测量、文字记录和图像采集。其中对唯一保留的东门遗迹进行了科学的考古测绘，对宝祐纪功碑等重要摩崖碑刻的内容进行了现场的初步识读。见图 2-1。

2014 年 6 月 28 日，四川古城堡文化研究中心蒋晓春教授，符永利博士，西华师范大学美术学院饶建华博士，蓬安县文管所汤跃明所长，中心成员罗洪彬、曾俊、雷晓龙等一行对运山城遗址进行了第二次实地调查。此次调查工作主要在外城区域开展，目的在于摸清外城区域的遗迹分布和保存情况。由于调查前一天下过雨，上山之路泥泞难行，车辆无法上山，调查组只得徒步上山。在村民姚茂生老人的带领下，调查组穿行于数十年无人进入的山腰密林之中

图 2-1　测绘东门（2014 年 6 月 1 日）

整整 6 个小时，费尽艰辛终于找到了各个外城门及多段外城墙，并在城墙内外发现多处瓦砾富集区。此次调查确定了运山城外城的存在及其大体范围，极大地丰富了以往的资料。

2014 年 11 月 20 日，四川古城堡文化研究中心蒋晓春教授，中心成员雷晓龙、郝龙、刘欢欢一行四人对运山城遗址进行了第三次实地调查。这次工作的重点是对内城老观音龛一带及城西区域部分外城门的复查。调查中对老观音造像龛进行了详细记录，并对龛内题刻文字进行了现场释读。

2015 年 6 月 28 日，四川古城堡文化研究中心符永利博士、张成博士，中心成员罗洪彬、雷晓龙、郝龙等人第四次前往运山城遗址开展实地踏勘。此次调查目的在于初步确定城内可发掘地点，为日后的考古勘探和发掘工作做前期准备。调查中初步确定了三处可发掘地点，并在东门区域宝祐纪功碑右侧约 20 米处新发现清平庙洞窟及较大规模采石场遗迹。

2015 年 7 月 9 日，四川古城堡文化研究中心蒋晓春教授，中心成员罗洪彬、雷晓龙，西华师范大学物理与空间学院小型无人机实验室曾体贤教授及航模队三名队员对运山城进行了航拍，获取了大量航拍图像，对于进一步推动运山城研究工作具有重要意义。蓬安电视台对此次调查进行了全程采访和报道。见图 2-2。

图 2-2 蓬安电视台采访航拍队（2015 年 7 月 9 日）

2015 年 11 月 11 ~ 13 日，四川古城堡文化研究中心成员罗洪彬、雷晓龙、景俊鑫、付蓉、陈文利一行五人对运山城进行了第六次实地调查。本次调查为期三天，主要目的是对运山城内外城的城门及城墙进行全面复查。调查中，在东门外鹅颈项山脊两侧的唐家沟、黄家沟区域新发现了体量巨大的宋代城墙遗迹，进一步丰富了东北侧外城的资料，使得运山城内外城防体系更为明晰。同时，调查组还对内城观音洞内的部分摩崖题刻作了拓片，在山顶范围内进行了遗物采集，并考察了南敌台，得出了新的认识。见图 2-3。

图 2-3　掩映于杂草荆棘中的黄家沟城墙局部（2015 年 11 月 13 日）

2016 年 1 月 3 日，四川古城堡文化研究中心蒋晓春教授，西华师范大学管理学院吴敌副教授，中心工作人员罗洪彬、雷晓龙一行四人对运山城进行了第七次调查。擅长旅游规划与开发的吴敌老师对运山城遗址的保护和开发提出了建议。

2016 年 3 月 5 日，四川古城堡文化研究中心蒋晓春教授，中心成员罗洪彬、雷晓龙、贠鑫一行四人对运山城进行第八次实地调查。此次调查的工作重点是完善东门区域现存遗迹的平面分布图，并对东门外的两处隔离墙及南敌台隔离墙进行实测和记录。

2016 年 3 月 19 日，四川古城堡文化研究中心符永利博士，中心成员罗洪彬、雷晓龙陪同日本九州大学宋元史学者舩田善之先生和日本学术振兴会研究员井黑忍先生实地考察了运山城遗址东门及观音洞等区域，并就运山城防御体系问题进行了交流。

2016 年 12 月 24 日，四川古城堡文化研究中心主任蒋晓春教授陪同重庆市文化遗产研究院袁东山研究员，河南大学历史地理所所长赵炳清教授等考察了运山城遗址。

2017 年 4 月 14 日，四川古城堡文化研究中心罗洪彬老师陪同重庆邮电大学移通学院钓鱼城研究院丁伯慧院长，池开智研究员，郑敬东教授，位光辉老师等考察了运山城遗址。

2017 年 5 月 30 日，西华师范大学历史文化学院院长蔡东洲教授，四川古城堡文化研究中心主任蒋晓春教授，罗洪彬老师再赴运山城遗址调查文物保护情况。调查中发现山顶新修公路对遗址破坏严重。调查中还在老观音龛附近采集到磨制石刀一件。见图 2-4。

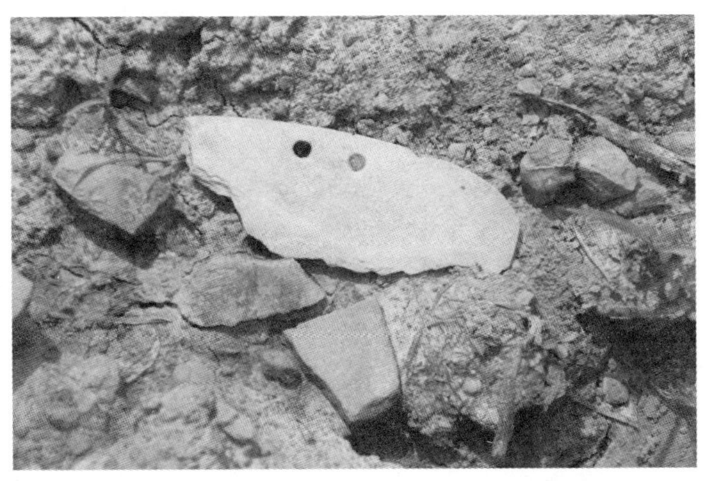

图 2-4　采集到的磨制石刀（2017 年 5 月 30 日）

2. 调查手段

（1）团队组成

四川古城堡文化研究中心运山城遗址调查组以中心主任蒋晓春教授为负责人，蔡东洲教授，符永利副教授，罗洪彬老师以及一批考古学、专门史的研究生等为主研。团队成员长期参与巴蜀地区古城寨调查，积累有丰富的工作经验。此外，参与调查和研究的还有饶建华副教授（美术学，擅长民间文化、书法）、吴敌副教授（旅游学，擅长旅游规划）、曾体贤教授（物理学，擅长航拍及图像处理）等人。因此本课题组成员学科背景以考古学学科为主，其他学科为辅。各学科搭配合理，相辅相成。团队成员中既有多名造诣深厚的教授，也有年轻教师和一些充满活力的在校研究生，年龄结构、学术结构合理。

（2）设备配备

为获取科学翔实的调查资料，四川古城堡文化研究中心以西华师范大学考古学学科为支撑，配备了相应的工作设备。摄影方面有佳能 5DMARKII 数码照相机以及西华师范大学小型无人机实验室的六轴飞行器（带数码相机），获取照片数千张，容量达数十 G。测绘方面：配备了移动工作站、手持 GPS、激光测距仪、激光打线器、卷尺、罗盘、绘图纸笔以及拓片工具、登山工具、对讲机等，可以充分保证田野考古工作所需。

（3）计划制订

针对运山城的实际情况，四川古城堡文化研究中心调查组制订了详细的调查计划，并在工作中依据实际情况做出适当调整。根据摸底，制定的调查内容包括：城址所在山体及周边地区地形地貌，外城墙及城门、内城墙及城门、敌台等相关防御设施；城内衙署、寺庙、塘堰、道路、水井等相关行政、生活设施；城内外墓葬、龛窟等其他遗迹遗物。就调查范围而言，突破了过去仅仅着眼于城内的局限；就考察体系而言，突破了过去仅仅着眼于城门、碑刻等单个遗迹点的局限，有助于形成对运山城整体防御体系构成的看法。

调查之前，调查组成员广泛搜集并分析整理了相关文献材料和以往研究成果，重点翻阅了南充、蓬安的方志资料，获取了较多有效信息，尤其是在明正德《蓬州志》中发现的西门《杨大渊修建运山城记》（即《移治碑》）全文，丰富了过去的认识并纠正了学界的错误。同时实地考察了钓鱼城、青居城、得汉城、大良城、神臂城等40余处宋元战争时期城寨遗址，通过对比，对运山城的认识也进一步得到深化，使考古调查更具针对性和目的性。又利用考古学、历史学、宗教学、地理学以及美术学等学科知识，采用绘图、航拍、摄影、测绘等现代技能手段，确保每次调查的科学性和真实性。上述十余次实地查工作，时间长、范围广、对象全面、记录手段多样，获得了前所未有的科学、翔实的资料，同时纠正了以往的一些不实数据。可以肯定地说，这是目前为止关于运山城遗址最为翔实的资料。

在此基础上，四川古城堡文化研究中心学者还对运山城遗址的防御体系、特点、地位等问题进行了研究，得出了一些新的看法。同时，进一步挖掘运山城遗址的历史文化内涵，结合现存遗迹的保存状况，对其进行历史文化价值评估，从而为今后保护与开发等工作提供完善的基础材料和必要的学术支撑。

3. 其他工作

在调查与研究之余，四川古城堡文化研究中心还非常重视运山城遗址的宣传和推介工作。工作期间，四川古城堡文化研究中心主任蒋晓春教授曾携带阶段性成果《蓬安运山城遗址的调查与初步研究》参加在蓬安县召开的“四川省司马相如研究会成立大会暨司马相如与文化中国研讨会”（2014年11月）和在合川区重庆邮电大学移通学院召开的“钓鱼城与世界十三世纪史学术研讨会”（2015年10月）。并在两次会议上，向与会学者介绍了运山城遗址的调查和初步研究情况，扩大了运山城的知名度和学术影响。2015年9月，西华师范大学召开了“巴蜀思想文化暨龙显昭先生八十华诞学术研讨会”，其中专设了“巴蜀古城寨的调查与研究”专题。会上，四川古城堡文化研究中心也向与会专家做了运山城的推介。

2017 年 9 月在蓬安县召开的“司马相如与中华民族精神家园”学术研讨会上，四川古城堡文化研究中心蒋晓春教授再一次向与会专家和学者介绍了运山城遗址调查与研究的最新成果。同时，四川古城堡文化研究中心学者还多次接受《南充日报》《南充晚报》等新闻媒体采访，借助媒体对运山城遗址进行广泛宣传。见图 2-5。

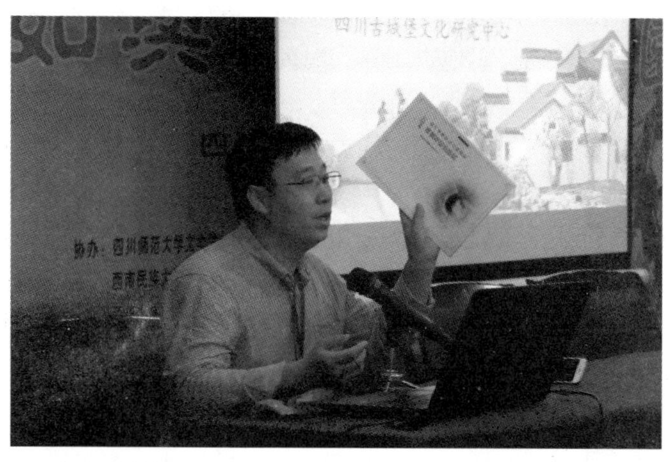

图 2-5　蒋晓春教授在“司马相如与中华民族精神家园”学术研讨会上向与会专家介绍运山城遗址调查与研究最新成果（2017 年 9 月 21 日）

三、新闻媒体的报道

随着调查研究工作的不断深入和学术影响力的扩大，不少新闻媒体也开始关注和宣传运山城遗址。它们以多种形式报道运山城遗址的基本情况及相关调查研究进展，进一步加强了对运山城遗址的宣传，提升了运山城遗址的学术知名度和社会影响力，吸引了社会各界越来越多人的关注。

2014 年 6 月 5 日，《华西都市报》刊登了题为《运山城与云顶城钓鱼城齐名》[①] 的文章，文中采访了西华师范大学历史文化学院院长蔡东洲教授，并全方位报道了 2014 年 6 月 1 日四川古城堡文化研究中心学者考察运山城遗址的过程和新发现。文中还提到，运山古城考古调查对于挖掘蓬安历史文化旅游资源，增加蓬安厚重的历史具有很大意义。此篇报道在网络上有很高的转载度。

2014 年 5 月 12 日，《南充晚报》刊登了《南充三大故城　南宋抗蒙堡垒》[②] 一文。介绍了位于南充地区的大获城、运山城、青居城三座南宋抗蒙城堡。此文后被四川在线等网站全文转载。2017 年 1 月 7 日，《南充晚报》又刊载了题为《南充学者探秘南充“抗蒙八柱”》[③] 的文章，详细介绍了四川古城堡文化研究中心在巴蜀古城堡调查研究方面的新动态。同时介绍了运山城遗址的相关信息，并呼吁加大古城堡保护力度。

2015 年 7 月 9 日，四川古城堡文化研究中心联合西华师范大学物理与空间学院小型无人机实验室对运山城进行了航拍。蓬安县电视台对此次调查进行了全程跟踪采访和报道，进一步提升了运山城遗址的知名度。

2017 年 2 月 8~10 日，《南充日报》连续三期分别刊载了题为《青居城　运山城　从南宋走来的古城堡》[④]《蓬安运山城　数百年历史的战略要冲》[⑤]《青居城：守御时间最短的南宋古城堡》[⑥] 的文章，详细介绍了四川古城堡文化研究中心近年来在巴蜀宋蒙城堡特

---

① 许雯. 运山城与云顶城钓鱼城齐名［N］. 华西都市报，2014-06-05（10）.
② 李波. 南充三大故城 南宋抗蒙堡垒［N］. 南充晚报，2014-05-12.
③ 李波. 南充学者探秘南充“抗蒙八柱”［N］. 南充晚报，2017-01-07.
④ 李然. 青居城　运山城　从南宋走来的古城堡［N］. 南充日报，2017-02-08.
⑤ 李然. 蓬安运山城　数百年历史的战略要冲［N］. 南充日报，2017-02-09.
⑥ 李然. 青居城：守御时间最短的南宋古城堡［N］. 南充日报，2017-02-10.

别是运山城遗址和青居城遗址考古调查与研究方面的最新成果和认识。其中《蓬安运山城　数百年历史的战略要冲》一文还对运山城遗址的城防体系及其在四川山城防御体系中的地位和作用进行了介绍。这些报道被嘉陵江在线、蓬安门户、廉洁南充等网站和大量个人博客广泛转载，在宣传运山城遗址历史文化价值方面具有积极作用。

第三章 宋蒙战争中的运山城

songmeng zhanzheng zhong de yunshancheng

宋蒙战争是13世纪在南宋与蒙（元）之间展开的、关乎南宋与蒙（元）兴盛衰亡的战争。从宋理宗端平三年（1236年）宋蒙战争全面爆发，到元至元十五年（1278年）南宋灭亡，这场战争在巴蜀、荆襄、两淮三大战区持续了四十多年。

战争前期，蒙古将战略重点放在巴蜀战场，推行“破蜀灭宋”的进攻路线，造成巴蜀战事持久而惨烈。在宋蒙战争全面爆发前，蒙古就对四川之利州发起过两次大规模的进攻，使得“三关五州”残破，蜀口防线内迁，史称“丁亥之变”和“辛卯之变”。端平三年（1236年），蒙古三路大军攻宋，其西路军由大汗窝阔台之子阔端统帅，以迅雷不及掩耳之势突破蜀口，横扫内郡，屠洗成都，史称“丙申之变”，亦称“阔端入蜀”。这次事变给巴蜀地区造成毁灭性的破坏，时人吴昌裔在奏疏中说：

盖自越三关，破三泉，摧利捣阆，窥文挠巴，而利路虚矣。毁潼、遂，残果、合，来道怀安，归击广安，而东州震矣。屠成都，焚眉州，蹂践邛、蜀、彭、汉、简池、永康，而西州之人十丧七八矣。毒重庆，下涪陵，扫荡忠、万、云安、梁山、开、达，而夔峡之郡县仅存四五矣①。

既然是残破果州、合州，再回击广安，那么这一区域内的蓬州自然不能幸免。这应该是蓬州在宋蒙战争中受兵之始。

一、山城防御中的运山城

巴蜀山城防御体系的构建是宋蒙战争漫延东西两川的产物。蒙

① 吴昌裔《论救蜀四事疏》，黄淮、杨士奇《历代名臣奏议》卷100，文渊阁四库本。

古在利州建立军事基地后，或沿嘉陵江南下侵扰东川，或从金牛道南段攻掠西川。南宋四川当局积极应对反击，筑城屯粮聚兵、耕战结合一体的内地山城防御体系应运而生。运山城正是巴蜀山城防御体系中一座重要城堡，与隆庆苦竹隘、阆州大获城、顺庆青居城、巴州得汉城、怀安云顶城、合州钓鱼城、夔州白帝城合称“八柱”，给宋蒙战争打上自己的烙印。

南宋蜀口防线被破后，一时朝野上书陈策献计者纷然，最终将原来抵御金朝的川陕城寨关堡防御体系移置四川内地，成为朝野之士的共识。在朝廷以吴昌裔、牟子才、李鸣复等为代表，在地方以孟珙、彭大雅、杨文、余玠等为代表，他们都主张依山为城，保民聚兵，构建新的巴蜀防御体系。依据现存宋元历史文献，我们可以说巴蜀建立山城防御体系是朝廷谋臣与地方军政大员共同倡导和组织兴建起来的，而不是既往研究者所谓一两个四川制置使独创或几个谋士高见。

首先，朝野共识。当时利用四川多山的地理环境修筑山城的防御构想在南宋朝野中是普遍认同的。在朝廷，吴昌裔认为，“蜀之所恃，专在天险”，因而应该实施“经理要害，收敛规模，分责武臣，画地而守”的防御计划①。李鸣复更明确地指出：“既要筑城，又要修寨，有城以御寇，又有寨以保民”②，“相度形势，若可恃以为险，即任责城筑，以为节节屯守之计。”③ 在地方，播州土司将领杨文曾向余玠提出：“比年北师如蹈无人之境者，由不能御敌于门户故也。曷移镇利、阆间，经理三关为久驻谋，此上计也；今纵

---

① 吴昌裔《论蜀变四事状》，黄淮、杨士奇《历代名臣奏议》卷100《经国》。

② 李鸣复《论措置蜀事疏》，黄淮、杨士奇《历代名臣奏议》卷99《经国》。

③ 李鸣复《论一时权宜之计疏》，黄淮、杨士奇《历代名臣奏议》卷339《御边》。

未能大举，择诸路要险，建城壕以为根柢，此中计也；下则保家自守，纵敌去来耳。”① 其“中计”就是择险要，建城壕。余玠谋士冉氏兄弟根据四川的山川地形直接提出：“蜀口形胜之地莫若钓鱼山，请徙诸此，若任得其人，积粟以守之，贤于十万师远矣。”②

南宋朝野这些认识是从抵御金军的历史经验和防御蒙古的客观现实总结提炼出来的：一方面南宋曾在川陕地带利用城寨关堡取得了遏止金军多次入蜀的成功，从这个方面说，巴蜀内地防蒙城寨的兴建就是当年蜀口防金城堡的移置；另一方面经过“丁亥之变”“辛卯之变”“蔡州之役”“端平入洛”等事变，宋朝文臣武将对蒙军长于野战、短于攻城已经有了清醒的认识，利用巴蜀多山地形，普遍建立城寨便成为防御蒙古最有效的办法。

其次，实践经验。结寨筑堡抗御敌军的战略构想在余玠入蜀之前便已付诸实施了。据胡昭曦先生《宋蒙（元）关系史》，在余玠入蜀之前，四川军民已开始采取结寨筑堡、迁移府州治所的办法，以抗御蒙军的进攻。绍定年间（1228—1233 年）都统孙臣、王坚创筑阆州大获城（今四川苍溪县王渡乡大获山）。端平三年（1236 年），遂宁府迁治所于蓬溪寨（今四川蓬溪县新会乡螺埝村），隆庆府徙治于苦竹隘（今四川剑阁县北 40 里之小剑山上）。嘉熙三、四年（1239—1240 年），泸州筑合江榕山城（今四川合江县东南四十五里永安乡与榕谷乡间），江安筑三江寨（今四川江安县城关西中坝一带），又筑安乐山城（今合江县城郊的笔架山）。

特别是嘉熙四年（1240 年），四川制置副使彭大雅主持修筑重庆城。史称，“大雅披荆棘，冒矢石，竟筑重庆城，以御利、阆，

① 郑珍等编《遵义府志》卷 31《播州安抚宣抚宣慰司杨氏》，清道光刻本。

② 余玠传［M］//宋史：卷 416. 北京：中华书局，1977：12470.

蔽夔峡，为蜀之根柢。自此支吾二十年，大雅之功也。”[①] 并且下令郡县百姓择取险要之处避乱保命。合州钓鱼城的创建即始于此。“北兵益炽，彭大雅奉命入蜀，令郡县图险保民。太尉甘闰至州，观此山形势可以据守，故城之”。[②] 甘闰主持创建了钓鱼山。同年九月，宋理宗授孟珙为宁武军节度使、四川宣抚使兼知夔州。孟珙整顿四川政务时提出：“不择险要立寨栅，则难责兵以卫民；不集流离安耕种，则难责民以养兵。乃立赏罚，以课殿最，俾诸司奉行之。”[③] 在孟珙的倡导下，蜀地又增加两座重要城寨。淳祐二年（1242 年），梁山军筑赤牛城（今重庆梁平县金带镇牛头村）。夔州则建筑了景德以前曾作为治所的白帝城。这些山城的选址及修筑，为修建山城防御体系提供了直接经验。

再次，有利时机。蒙古内乱为余玠建立山城防御体系战略构想提供了有利条件。淳祐元年（1241 年），窝阔台汗去世，其妻乃马真氏脱列哥那称制摄政达五年之久。自其摄政以来，“法度不一，内外离心，而太宗之政衰矣”[④]。继乃马真氏摄政之后，贵由汗之妻斡兀立海迷失后摄政，蒙古汗位又遭悬空。从窝阔台汗去世到蒙哥即位的这段时间，蒙古内部政局动荡，争权夺利，觊觎汗位，无暇南顾，对南宋的进攻态势大大减弱，从而使南宋得到了调整防御的机会，四川制置司正是在这一时期组织修筑了大量山城寨堡。

余玠在总结前几任制帅抵御蒙军的经验的基础上，制定“守点不守线，联点而成线”的战略方针，发动军民依山筑城，构建山城防御体系。在淳祐三年（1243 年）至十一年（1251 年）的八年时

① 理宗［M］//宋季三朝政要：卷 2. 北京：中华书局，2010.
② 刘芳声：万历《合州志》卷 1 无名氏《钓鱼城记》，明万历七年刻本。
③ 孟珙传［M］//宋史：卷 412. 北京：中华书局，1977：12378.
④ 定宗纪［M］// 元史：卷 3. 北京：中华书局，1976：40.

间里，余玠有计划、有步骤、有重点地以重庆城为中心，在长江、嘉陵江、渠江、涪江、沱江和岷江沿岸的山峰上，先后加固和新筑了20余座山城，“皆因山为垒，棋布星分，为诸郡治所，屯兵聚粮为必守计”。① 数十座山城就是数十个军事据点，扼控巴蜀河山雄关险隘，以重庆为枢纽，点线结合、气势联络、互通情报、互相支持，形成了“宋无后顾之忧，蒙无东下之路”的完整战略防御体系。见图3-1。

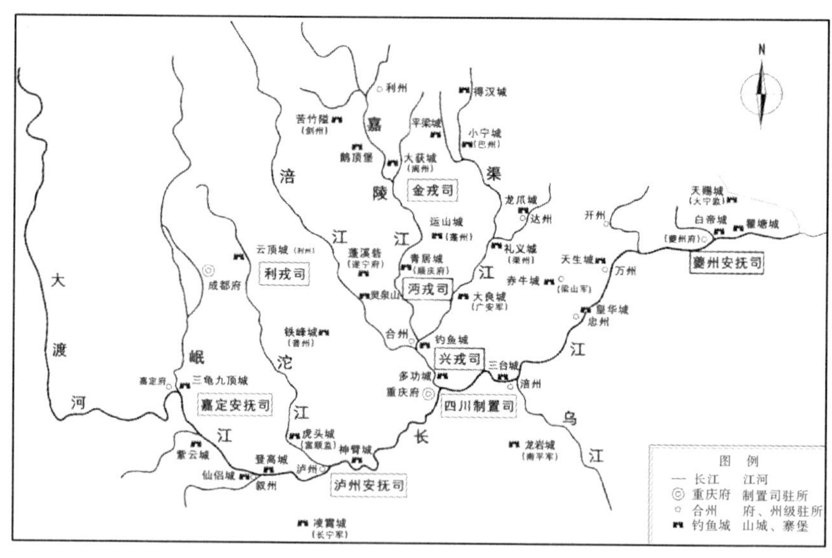

图3-1　1243—1251年巴蜀山城分布示意图

“八柱”便是众多巴蜀山城中的核心寨堡。“八柱”在中国古代传说中是支撑天体的八根巨柱，八柱折则天下倾，所以屈原的《天问》中有“八柱何当，东南何亏？”一问。在宋人眼中，“八柱”是防御蒙古大军进攻南宋的中流砥柱，他们曾因众多山寨城堡

① 余玠传［M］//宋史：卷416. 北京：中华书局，1977：12470.

的修筑而无比自信地向蒙古表示："虽有骁骑万群，安所用之！"[①]

在"八柱"中，运山与大获、青居三城坚守在嘉陵江中游，钓鱼城固守于嘉陵江与渠江、涪江的汇合口，得汉城把控于东北面米仓道和渠江上游水道，云顶城紧扼住沱江之颈口，苦竹隘堵住剑门雄关，白帝城截拦于长江天堑的峡口。这些山城大多构筑在四面险崖峭壁之山头上，山势险要，状如城郭，易守难攻，是天然险固之地。山顶却较为宽平，有田可耕，有水可饮。各城均处要地，或江河沟通，或陆路相联，彼此互为犄角，互相声援。各山城既是官民保聚的要地，又是耕战结合的基本单位。战时担负设险御敌、守境安民，平时更兼以耕种田地、聚粮练兵。

"八柱"中的大获城、苦竹隘、得汉城、钓鱼城、白帝城，在余玠主政四川之前已创修利用，只是尚不成规模，余玠指派将领对这些城寨按照一定规制进行了扩建和完善。运山城与云顶城、青居城则属于余玠派遣张实、杨大渊、甘闰等择地新建。无论旧创还是新建，皆迁移府州治所于其内，派大将兼任知府、知州镇守，遂城坚壁立。

"八柱"最初的确撑起了巴蜀战场，暂时扭转了宋军的不利局面。但从蒙哥亲征开始，运山与云顶、苦竹、大获、青居等五座山城先后陷落，反成蒙军驻扎军队和进攻南宋的前沿基地。仅剩得汉城、白帝城、钓鱼城守护着东川。特别是钓鱼城战事最激烈，坚持时间最长，对其他山城寨堡的支持力度最大，逐渐成为"八柱"和整个山城防御体系的核心。白帝城在三峡防卫圈中起枢纽作用，协调长江南北两岸城寨，阻止蒙（元）从南北突破夔门天险。

---

① 耶律铸《双溪醉隐集》卷2《述实录四十韵》。

二、运山城的营建

现存运山城上摩崖题刻和正德《蓬州志》、光绪《蓬州志》等历史文献对南宋营建运山城有着详略不同的记载。归纳起来，运山城的修筑经历了余玠倡修、杨大渊扩建、张大悦完善三个阶段。

（一）余玠倡建

宋理宗端平三年丙申（1236年），蒙古大汗窝阔台之子阔端率领蒙古铁骑突破南宋在秦巴地区经营了百年之久的蜀口防线，沿金牛道奔袭巴蜀内地，沿途宋军重镇之沔州（今陕西略阳）、兴元（今陕西汉中）、利州（今四川广元）、隆庆（今四川剑阁）次第被破，最终攻破西南首府成都。南宋朝野由此大震，立即调集在蜀宋军和京湖宋军对深入巴蜀内地的蒙军开展堵防。但此时之蒙古志在抄掠，俘获民众，劫夺财物，仅留小股军队于利州以北地区，便引主力北还了。

在蜀口防线不可恢复的情况下，南宋开始着力在巴蜀内地重建防线，以稳住长江上游地区，确保江南半壁江山。蓬州运山城正是在重建巴蜀内地防线的进程中创建的。宋理宗淳祐二年（1242年），宋廷选任余玠为四川最高军政长官，初以“四川宣谕使”入蜀，继而正式任命为“四川安抚制置使”。余玠利用蒙古内部忙于汗位争夺之机在四川构建山城防御体系，曾亲自登临运山，见“其山崇峻”，下令在此“营立砦栅”，将蓬州州治迁于其上。宋代的蓬州设置在蓬池县（今四川蓬安县茶亭乡蓬池坝），管辖蓬池、营山、仪陇、良山、伏虞五县，而运山城所在地隶属于营山县。草创时的运山城多称“云山砦”，规模不大，设施简陋，驻军不多，应该是蓬州官府组织兴建的一个战时驻守和躲避的山寨而已。运山城的初创工作就是时任知州主持完成的，不过现已无从知晓其姓名了。

（二）杨大渊扩建

运山城的扩建工作是由杨大渊主持完成的。据《元史》载：

杨大渊，天水人也。与兄大全、弟大楫，皆仕宋。大渊总兵守阆州。岁戊午，宪宗兵至阆州之大获城，遣宋降臣王仲入招大渊，大渊杀之。宪宗怒，督诸军力攻，大渊惧，遂以城降。宪宗命诛之，汪田哥谏止，乃免。命以其兵从，招降蓬、广安诸郡，进攻钓鱼山①。

杨大渊乃宋天水军（今甘肃天水）人，与其兄杨大全、弟杨大楫应该是从蜀口防线退守巴蜀内地的宋军将领。杨大全、杨大渊深受宋朝重用。杨大全原为驻守仙人关（今甘肃省徽县东南）名将曹友闻麾下的一位中层将官“统制”。在“丙申之变”中，参与曹友闻抵抗阔端大军入蜀的鸡冠隘之战。“友闻遣选锋军统制杨大全、游奕军统制冯大用引本部出东菜园，击敌后队”②，但此役失败，曹友闻战死，未能阻挡住蒙军的深入。杨大全率军撤到内地后升为大将“都统制”，主要负责镇守叙州（今四川宜宾），防止蒙古从云南进入川南。淳祐二年（1242 年）十二月，蒙将按竺迩攻掠遂宁府（今四川遂宁）、嘉定府（今四川乐山）、泸州、叙州，企图与云南蒙军汇合。杨大全在叙州奋起抵抗，最终战死。据《宋史》载：

（淳祐二年十二月）癸亥，大元兵连攻叙州，帐前都统杨大全等水陆并进，自卯至午战十数合，歿于行伍。昭赠武节大夫、眉州

---

① 杨大渊传［M］//元史：卷 161. 北京：中华书局，1976：3777.

② 曹友闻传［M］//宋史：卷 449. 北京：中华书局，1977：13236.

防御使，官其二子承节郎。[①]

宋朝所官二子，即杨文仲和杨文安，兄弟俩在父亲牺牲后便投靠叔父杨大渊。但另有史料证明宋朝仅官其长子文仲：

杨文安，大渊兄子。父大全，守叙州，元兵入蜀，大全战死，赠眉州防御使，谥愍忠，官其长子文仲。文安方二岁，依大渊于阆州。[②]

由此杨氏家族同蒙古有家仇国恨，加上杨大渊又是常年征战将领，宋廷便将运山城的防御任务交付于杨大渊，运山城成为宋军在嘉陵江中游的重要堡垒。

《宋史》《元史》皆未提及杨大渊修筑运山城的事，以致不为当今宋元史研究者所知。我们在运山城的调查研究中知得运山城西门石壁原有一幅碑刻，本地人称为“蓬州移治碑”，实际上此碑刻没有标题。20世纪70年代在山顶上修建微波站时开山修路，毁掉了西门和这幅碑刻。正德《蓬州志》和光绪《蓬州志》所录碑文证实，杨大渊主持了运山城的扩建。由于原碑刻已毁，现在只能从正德《蓬州志》中赏读其文。

淳祐五年乙巳三月，奉大閫来守蓬。越明年夏，拜宸命。特该维兹山城，制置大使尚书余公躬履相视，经始创建。大渊视事之初，慨郡治弗称，于是拓公宇，建丽谯，区别民居，分画市井，增筑城壁，凿开四水池。自东至南门，西至北门，宏创敌楼，辅以更楼，凡五十余座。明年，筑大蓬坎之基，三敌楼雄架其上。又明年，改辟东门，悬峭千尺，环城壮势具矣。载念文事当修，亟起郡学，立孔庙，寺观、神祠，咸鼎新之。是役也，皆本郡人上下一力，毫发靡劳于民。期无负任使责成之意，因纪颠末，以诏无穷

---

① 理宗纪二［M］//宋史：卷42. 北京：中华书局，1977：824-825.

② 李贤，等. 明一统志：卷35［M］. 北京：中华书局，1976：2530.

云。淳祐十一年七月杨大渊书[①]。

这是迄今仅见的杨大渊留下的文字。正德《蓬州志》是以介绍运山城角度而录其文字。明末清初，巴蜀先后陷入张献忠屠四川、李自成争川北、姚黄抢劫渠江流域、清军入蜀、吴三桂叛乱等战乱之中，历史文献大多焚毁无存。因而，光绪间年再修《蓬州志》时，编修者没有见到流传江浙的正德《蓬州志》，便直接从摩崖碑上抄录其文，虽然所抄录的碑文已有不少字因年久损毁而无法识读，但文末所署为“淳祐十一年辛亥□□东路马步军副总管知蓬州军州兼管内劝农营田事节制屯戍军马兼制□杨大渊书”，透露了两条十分重要的信息：

第一，杨大渊大规模扩建运山城时的身份和职责。其身份是“利州东路马步军副总管、知蓬州军州兼管内劝农营田事、节制屯戍军马”。南宋“川峡四路”（简称四川）中只有利州路分东西两路。据此可知，所缺二字为“利州”。其职责已是集政治、军政和民事于一身，这是宋末战时体制的直接体现。这在嘉靖《四川总志》关于杨大渊的一条记载中得到了佐证，杨大渊“慈惠有谋略，徙城保障之功为多，以蓬州知州擢利州东路马步军副总管”[②]。

第二，杨大渊上任蓬州运山城的时间明确为淳祐五年（1245年）三月。杨大渊上任后认为运山城设施简陋，与一个州的治所不相称，于是增筑公宇、民居、城壁、水池、敌楼、郡学、庙宇等防御、生活、教育设施。到十一年（1251年），山城扩建完工，刻石为记。另据现存于运山城东门附近石刻，“宝祐甲寅秋八月今制使西清蒲公檄三泉张侯大悦摄蓬郡”，即宝祐二年（1254年）张大悦

① 古迹［M］//蓬州志：卷. 北京：中国文史出版社，2015：149.

② 万历《四川总志》卷7《顺庆府》［M］//北京图书馆古籍珍本丛刊，第42册. 北京：北京书目文献出版社，2000.

接替杨大渊驻守运山城。如此，杨大渊镇守蓬州运山城达十年之久。

（三）张大悦完善

运山城的完善工作是由张大悦主持完成的。《宋史》和《元史》皆无传。康熙《顺庆府志》将其列入“流寓”，其传曰：“张大悦，宝鸡人。大定初，寓蓬。倡义保障乡闾，后封咸安郡侯。”[①]这个小传除封咸安郡侯外，没有一条信息是正确的。张大悦是三泉（今陕西宁强）人，而不是宝鸡人，“宝祐纪功碑”明确说“三泉张侯大悦”。“大定”乃金宣宗的年号，且不说用金朝年号纪宋元人事失当，仅时间而论，张大悦镇守运山城时金朝已灭亡二十余年了，距大定初更是40年了。“寓蓬”更是凭空杜撰，张大悦是随蜀口防线内撤的宋军中层军官，当时能够受命摄郡当系“统制”“总管”以上军官，张大悦在淳祐十一年（1251年）于巴州平梁城完工时署名正是“路钤”[②]。非“倡义保障乡闾”，而是授命镇守蓬州。据“宝祐纪功碑”，其摄守蓬州乃四川制置使蒲择之之命，不久因利州东路转运使施择善保荐而正授知州兼运山城驻军主将。

唯正德《蓬州志》列入名宦，妥切得体，其《张大悦传》亦基本属实。

张大悦，风翔宝鸡人。宋宝祐间守蓬。元中统中，官至阆蓬广安顺庆夔府等路右副都元帅，封咸安郡侯，枢密副使。商挺撰写墓碑称：“蓬之俗少商贾，多文士，务农力田，公能安之而不废也。”卒，葬于蓬。[③]

张大悦镇守运山城，积极备战，依靠天险，严阵以待，但最终

① 康熙《顺庆府志》卷6《流寓》。

② 《金石苑》卷5《宋平梁城题名》。

③ 名宦［M］. 正德. 蓬州志：卷8. 北京：中国文史出版社，2015：160.

被蒙古大军逼迫投降。其副都元帅、枢密副使、咸安郡侯皆系蒙（元）授予的官职和爵位。不过，张大悦及其子德润长期治理蓬州，对于恢复蓬州的社会秩序和农业生产，以及重建儒学教育机构都是有功可录的。

宝祐二年（1254 年）张大悦接替杨大渊镇守运山城，而杨大渊升任金州驻扎御前诸军都统司都统制兼知阆州，移驻阆州大获城（今四川苍溪王渡镇大获村）。宝祐三年（1255 年），一支蒙军对运山城东门进行攻扰，逗留旬日乃去。张大悦由此意识到东门需要加强防御设施建设，在全城军民的努力下，耗时三月，在东门一带"凿崖通道，辟重门，拓旧址而崇之，架楼橹其上"①，也就是打造防御通道，开辟新的城门，拓展基址，修建高大的城楼，并完善了东门一带城墙。从而，使运山城的防御能力进一步提升。

三、蓬州迁治运山城

阔端入蜀后，四川地区大多数州府沦陷，官吏将士民众死伤、逃亡，一片凄凉景象。时人吴昌裔描绘说："昔之通都大邑，今为瓦砾之场；昔之沃壤奥区，今为膏血之野。青烟弥路，白骨成丘，哀恫贯心，疮疾清目。譬如人之一身，命脉垂绝，形神俱离，仅存一缕之气息而已。"② 为延续这一缕气息，南宋四川当局务必继续履行官府职能，为军队建立驻扎之所，为民众寻求避乱之地，在此方面南宋四川当局在蜀口与金朝对峙中积累有成功经验，那就是因

① 东门右壁碑刻，原本没有标题，后世或因记述方便，称为"宝祐纪功碑"。

② 吴昌裔：《又论救蜀四事疏》，黄淮、杨士奇《历代名臣奏议》卷 100《经国》，文渊阁四库本。

险筑城，聚兵护民。于是，山城寨堡在四川当局的组织和督促下陆续修筑起来，军之戎司、路之监司、府州县之衙门亦随之迁入。最终“悉迁蜀郡平旷之地，分治险要，如合州治钓鱼山之类是也。”①

清朝史学家钱大昕考察这一时期的四川州府迁治情况说：

宋末川蜀诸州多依险为治，如遂宁府权治蓬溪砦，顺庆府徙治青居山，叙州徙治登高山，合州徙治钓鱼山，渠州徙治礼义山，广安军徙治大良平，富顺监徙治虎头山，阆州徙治大获山，政州徙治雍村，涪州移治三台山，皆载于《志》。而潼川府之治长宁山，隆庆府之治苦竹隘，蓬州之治运山，《志》独遗之。②

其实，蓬州迁治运山城，虽然不见载于《宋史·地理志》，但在《宋史·理宗纪》中有明确记载。淳祐四年（1244 年）五月，余玠向朝廷奏报：“利阆城大获，蓬州城营山，渠州城大良平，嘉州城旧治，泸州城神臂山，诸城工役，次第就绪。”③ 元明清历史文献亦多有此载，《元一统志》载：云山“又名披衣山，其山高险，四壁斗绝。宋淳祐三年制置使余玠建砦栅移州治于此”④。《明史·地理志》载：“蓬州……东南有云山，宋末尝徙州治此”⑤。如《乾隆府厅州县图志》载，营山县“又披衣山在县西，接蓬州界，宋淳祐三年制置使余玠建砦栅移州治于此。”⑥ 披衣山即云山。

蓬州治所迁入运山城是杨大渊镇守运山城时的举措。明清《蓬州志》的编修者和本地官绅都以杨大渊为迁治运山城的主持人，如

---

① 宋季三朝政要：卷 2［M］. 北京：中华书局，1985.

② 钱大昕. 宋史［M］//廿二史考异：卷 3. 上海：上海古籍出版社，2004.

③ 理宗纪三［M］//宋史：卷 43. 北京：中华书局，1977：830.

④ 胡昭曦，唐唯目. 宋末四川战争史料选编［M］. 成都：四川人民出版社，1984：420.

⑤ 地理志［M］//明史：卷 80. 北京：中华书局，1974：1037.

⑥《乾隆府厅州县图志》卷 36。

明朝蓬州学正卿惟贤在《重修蓬州治记》中说："按蓬州，古咸安郡也。旧在蓬池，宋淳祐乙巳，武节大夫杨大渊始迁于云山。"[①]其实，这是余玠把运山城纳入巴蜀山城防御体系的开始，即把州郡治所迁入山城，并实行武将兼任知州的战时体制。

宋代之蓬州本辖蓬池、营山、仪陇、伏虞、良山等五县，以蓬池县为倚郭。据《宋史·地理志》载：

蓬州，下，咸安郡军事……淳祐三年，置司古渝县……县四，蓬池，中。仪陇，中。营山，中……伏虞，中下……南渡后，增县二：良山，中下，建炎三年复。相如，望，以南有司马相如故宅而名。嘉熙间兵乱，宝祐六年，自果州来属[②]。

其中顺庆之相如县因地近蓬州治所运山城，于宝祐六年（1258 年）亦改属蓬州。这些县治也有随州治而迁运山城者。《元一统志》有这样的记载：

仪陇县，自蜀多难，此县人民随州徙于云山城保聚。元初复还。

云山在蓬州，去嘉陵江十五里，宋末尝徙县治于此。

朗池故县在营山县，宋淳祐三年余玠移县治云山。至元十五年，蜀定复还旧治。

蓬池废县，宋淳祐三年制置使余玠以蓬州旧治经兵革荒废，移治于营山县界云山上，以蓬池属之。至元二十年并入仪陇县。[③]

据此，蓬州所属的营山、仪陇、蓬池，以及附近的相如县皆移治于运山上。

---

① 公署［M］//蓬州志：卷 3. 北京：中国文史出版社，2015：58.

② 地理志［M］//宋史：卷 89. 北京：中华书局，1977：2223-2224.

③ 胡昭曦，唐唯目. 宋末四川战争史料选编［M］. 成都：四川人民出版社，1984：420.

值得注意的是，这时利州东路首府利州（今四川广元）已被蒙古占领，利州东路机关也是侨治内地州府所在的山城。历史文献显示，隆庆之苦竹隘、潼川之长宁山、怀安之云顶城和蓬州之运山城皆有利州路级机关的官员，其中运山城当是转运使司侨置之地。据光绪《蓬州志》编修者的考证，宝祐中施择善为利路转运使、知蓬州。当时蓬州本属利州路，而利州路转运使司原本设在利州，然此时利州早已陷落，且为蒙古进攻四川的军事基地。据“宝祐纪功碑”云：“宪漕开国施公目击其事，器倈为能，请于宣制阃以正辟闻于朝。”这里所谓的施公就是施择善，宪漕即转运使司长官转运使。作为利路转运使的施择善不仅参与了张大悦以运山为治，与蒙军对阵，而且在张大悦投降蒙军后，施择善不屈而死于运山。这说明利州陷落后的利州路转运使司侨迁在蓬州运山城内[①]。

四、宋蒙争夺运山城

宋蒙战争大致可分为前后两个时期：前期始于宋蒙开战，止于蒙哥之死；后期即忽必烈时代的宋蒙（元）战争[②]。宋蒙争夺运山城发生在宋蒙战争前期。具体而言，发生在“丙申之变”到蒙哥入蜀之间（1236—1258 年）。

运山城作为余玠在嘉陵江中游建立的重要堡垒，驻军应该不多。据台湾李天鸣先生在《宋元战史》中的分析，当时仅有靠近重

---

① 光绪《蓬州志》卷 11《忠义篇》，清光绪二十三年刻本。

② 宋蒙战争始于何时，这是一个尚未形成共识的学术问题，或以蒙军抄掠蜀口三关五州的“丁亥之变”，或以蒙军假道利州路趋河南灭金的“辛卯之变”，或以蒙军长驱直入、攻破成都的“丙申之变”。

庆的钓鱼城以及成都附近的云顶城驻兵达到三四千人以上，其余山城驻兵大多一千余人，仅有几百人镇守的山城非常多。[①] 运山城上究竟有多少士兵驻扎，没有确切记载。但可以根据与同属嘉陵江中游的要塞阆州大获城对比，推测其兵力多寡。当时大获城驻兵1 300~1 600 人，还“移金戎于大获，以护蜀口”[②]，将内迁的金戎司兵力都驻扎于大获城上。可推测运山城兵力没有大获城多，驻扎千余人左右。以运山城的兵力，能够应付小规模的进攻，但抵挡不了蒙军大规模的侵犯。

由于相关资料的稀少和零乱，现已无法清楚地记述其间频繁的战事，但历史文献中还是十分清晰地留下了关于运山城争夺的三次记录：

第一次争夺发生在淳祐六年（1246 年）。“丙申之变”后，蒙古在巴蜀没有发动大规模的军事行为，主要是小股侵扰。余玠主持建立的山城防御体系在防止蒙古侵扰中初见成效。淳祐六年（1246 年），蒙古又一次发动大规模攻宋战争，兵分四路进攻四川。汪世显之子汪德臣袭父爵为巩昌等二十四处便宜都总帅，担任这次蒙军入蜀的先锋。

汪氏家族世居巩昌，雄霸一方。金朝末年，汪世显聚兵自保，并接受金朝官衔。此时汪氏却意愿投靠南宋，与宋朝蜀口将帅多有交结。时任四川制置使赵彦呐乐意接纳，多次奏请朝廷。但宋廷鉴于接纳山东李全遗患，拒绝汪世显内附。汪氏后来归附蒙古，深得蒙古统治者信用，在蒙古入蜀中充当极其重要的角色。汪德臣作为质子长期寄居在蒙古，被赐名田哥。此次汪田哥率部攻打运山城，由于其山高地险无法发挥骑兵冲击的优势，只得改用步兵围攻，但

① 李天鸣. 宋元战史［M］. 台北：台湾食货出版社，1988：817.

② 余玠传［M］//宋史：卷 416. 北京：中华书局，1977：12470.

仍然无法攻破运山城，最终只攻占运山外城。在这次战中，汪德臣所乘战马被礌石击毙，而其弟汪直臣“巩昌中路都总领，殁于王事”，即战死。在毫无进展的情况下，不得已引兵离去。①

根据实地调查的情况来看，此次战役应当发生在运山城东北侧外城唐家沟二号或三号寨门附近区域。而这一时间正是杨大渊加筑运山城的时期，其工程的重点之一就是加强外城的防御，此时自南门至北门的敌楼都已架设完毕，这些敌楼、更楼建设的目的就是为了加强内城对于外城各区域的观察和防御。而唐家沟二号寨门位于东门下方，唐家沟三号寨门位于鹅颈项下方，加之这些地方坡度较缓，是运山城较为薄弱的防御地带，蒙古军队选择这一区域作为突破点。在此后的多次争夺中，东门及其东北侧外城都是进攻的重点。

这是运山城具有军事防御功能以来有记载的首次胜利。从击毙蒙军悍将汪直臣看，这次争夺运山城相当激烈，而运山城的防御能力也初见功效。淳祐八年（1248 年）闰四月，余玠向理宗奏报战功，得到朝廷认可，“北兵分四道入蜀，将士捍御有功者，辄以便宜推赏，具立功等第补转官资以闻”②，这份宋朝对于四川地区将士的嘉奖中就有对于运山城此次作战胜利的肯定。

第二次争夺发生在宝祐三年（1255 年）。蒙哥继位之初，致力于消除“内乱”，没有发动较大规模南侵。在相关的文献上并没有关于这次战争的记载，但是“宝祐纪功碑”详细地记载了这次在运山城对峙的经过。

宝祐甲寅秋八月，今制使西清蒲公檄三泉张侯大悦摄蓬郡，民安其政。越明年夏，复值鞑侵入，伺东城门弥旬，意叵测，侯后不

---

① 光绪《蓬州志》卷 1《建置篇》，清光绪二十三年刻本。

② 理宗纪三［M］//宋史：卷 43. 北京：中华书局，1977：835.

恃险忽备，惟整禁以待之，竟不果犯引去。宪漕开国施公目击其事，器侯为能，请于宣制梱（阃）以正辟闻于朝。秋，梱（阃）令调兵增戍。侯会诸头目议峻东门之险。屯戍部辖众元升、廖友兴、黄拱、蒲叔洪，并本部蔡世隆、牛国才、冉雄飞等咸欣然曰诺。遂以八月涓吉简工，役食制廪，凿崖通道，辟重门，拓旧址而崇之，架楼橹其上。阖城文武官吏士民与相其役。三□月而成，洎冬涉春，哨骑再来，则不敢□□。是役也，备胜势，折虏谋，佥谓侯之功，□□然书功，非侯意也。岁丙辰夏，仆以□□□抵郡，顾瞻营缮，气象一新，因谕□□□□段劳绩宜磨坚珉师言允谐用□□□□。宝祐四年八月吉日，从政郎利路□□□□。

在张大悦授命镇守运山城的第二年（1255 年），蒙古侵入，在运山城东城门外逗留弥旬。张大悦“不恃险忽备，惟整禁以待之，竟不果犯，引去”。虽然这次宋蒙两军在运山城对峙，没有发生直接的武力冲突，但从这幅题刻内容中反映，运山城防御对蒙军确切具有一定的威慑作用。随后张大悦会同袁昇、廖友兴、黄拱、蒲叔洪、蔡世隆、牛国才、冉雄飞等将校商议完善东门一带的防御设施。八月动工，凿崖通道，开辟重门，展拓旧址，增高敌楼。在阖城文武官吏士民的共同努力下，历时三月而竣工。其后，仍有蒙古哨骑来扰，却不敢冒然侵犯。

第三次争夺发生在宝祐六年（1258 年）。蒙哥汗留辎重于六盘山，亲率大军，号称十万，兵分三路攻蜀：“蒙古主由陇州趋散关，诸王莫哥由洋州趋米仓，万户孛里叉由潼关趋沔州。”① 蒙哥从大散关入蜀，沿金牛道而下，直达利州，再渡嘉陵江，攻拔苦竹隘、长宁山、鹅顶堡、大获城等宋军重要据点。十二月，蒙哥向运山城进发。十二月七日，蒙军再分兵出击。杨大渊率所部归降宋兵与汪

---

① 宪宗纪［M］//元史：卷 3. 北京：中华书局，1976：51.

田哥分击相如等县。都元帅纽璘进攻简州，以宋降将张威率众为先锋。

蒙哥随杨大渊、汪德臣大军直抵运山城，刚投降蒙古的南宋大获城主将杨大渊负责进攻运山城。杨大渊身份特殊，曾经修筑和驻守过运山城，对运山城的防御情况了如指掌，加之以“旧将新臣”的身份攻城必然会对运山城守将及军民有所影响。杨大渊对运山城采取武力威慑与和平劝降并举，一方面调集重兵围困运山城，另一方面派遣使者入城招降。十七日，“帝次于运山，大渊遣人招降其守将张大悦，仍以大悦为元帅”。[①]

杨大渊招降张大悦似乎比较顺利，实际上运山城内官员并非全都赞同投降，其中负责操办军需的利州东路转运使施择善反对投降。据光绪《蓬州志》，“施择善，知州事，后以转运使死元之难”[②]。施择善并非知蓬州事，而是利州东路转运使，因拒降而遇害。施择善原本会同运山城其他官员一样消失于这场战争之中，却因“忠义”而名垂青史，宋末以来地方志和《忠义传》皆列其名。

张大悦以运山城投降同杨大渊以大获城投降一样，都是兵力不足抵挡蒙古大军的被迫之举。蒙哥大军势如破竹，四个月内攻陷川北、川西大部分州县，而宋军山城防御体系并未达到预期的效果，据点丢失，降将众多，人心浮动。宋朝苦心经营的大获城、运山城、大良城和青居城迅速成为蒙古的四大帅府，“清居之不可恃为固者，前所以言。杨氏、张氏、蒲氏皆行帅府大获、运山、大梁平故地，与便宜，其时目曰四帅府”。[③] 这些降将转变为攻打宋朝的

① 宪宗纪［M］//元史：卷3. 北京：中华书局，1976：52.

② 光绪《蓬州志》卷8《职役》，清光绪二十三年刻本。

③ 姚燧. 便宜副总帅汪公神道碑［M］//苏天爵. 元文类：卷62. 长春：吉林出版社，2005.

生力军，正好与“长于野战，短于攻城”的蒙古骑兵形成补充，从而使蒙军的战斗力更加强大。

五、蓬州移治相如县

张大悦归降蒙古后被授予东川副都元帅，蓬州治所仍然留驻在运山城上。这是因为这一区域还在宋蒙争夺之中，这种争夺既包括攻城略地，也包括策反归正。

攻城略地主要发生在与运山城不远的渠江流域。渠江上游巴州的平梁城和小宁城、通江的得汉城、渠州的礼义城仍为宋军坚守，而下游之大良城、虎啸城则处于宋蒙反复攻守战中。

宋朝当时的主要策反对象就是杨大渊和张大悦。宋朝君臣十分清楚杨大渊和张大悦是在其力不足抵挡蒙古围攻的情况下被迫投降的，因而在很长一段时间内一直没有放弃对其策反。至元七年（1270 年），“宋重庆制置朱禩孙遣谍者持书榜来诱安抚张大悦等，大悦不发封，并谍者送致东川统军司”。尽管张大悦没有理会南宋四川制置使朱禩孙的劝诱，却遭到李忠的告发，说“运山侍郎张大悦尝与宋交通”。元世祖不愿在巴蜀战场失去这样的将领，不仅没有予以追究，而且诏谕张大悦说：“宋善用间，朕不轻信，毋怀疑惧。”① 面对宋朝的“用间”和元朝的“宽怀”，张大悦难免感到身份尴尬，同年便向元廷请老卸任，由其子张德润袭职。根据正德《蓬州志》摘录的商挺《右丞张大悦墓碑记》，“宋宝祐戊午为元宪宗八年，守蓬，降于元。至元七年，请老，其子德润袭爵。十年

① 世祖纪四［M］//元史：卷 7. 北京：中华书局，1976：61.

冬，卒。"[①] 由此可知，张大悦归降蒙古十余年而无所作为，便主动退出了这场战争。

张德润接任东川副都元帅后则全力投入蒙（元）对东川地区的争夺，所部运山城降蒙宋军被称为"蓬州兵"，是蒙（元）在东川战场上的一支重要力量。

至元九年（1272 年）闰六月，张德润率"蓬州兵"攻拔达州之龙爪城。史载，"蓬州兵攻拔龙爪城，东川统军司命文安兼领之"[②]。

至元十二年（1275 年），"东川副都元帅张德润拔礼义城，杀宋安抚使张资，招降军民千五百余人。继遣元帅张桂孙略地，俘总管郭武及都辖唐惠等六人以归。赐德润金五十两及西锦金鞍细甲弓矢，部下将士钞三百锭。"[③] 这是元军在东川取得的重大胜利。此前蒙（元）军队曾长期封锁渠州礼义城，并直接发起过两围攻，但没有拿下此城，这次张德润不仅攻破了这座宋军坚守 28 年的山城，而且拔掉了宋军在渠江流域最后一个堡垒，故而得到忽必烈的厚赏。

至元十四年（1277 年），"张德润复破涪州，执守将程聪"。[④] 忽必烈又赏赐张德润破涪州三台城之功，"赐钞千锭"。张德润所部"蓬州兵"为元朝彻底占领东川立下了汗马功劳。

至元十五年（1278 年），元朝完成了对巴蜀地区的占领，并由军事状态向行政体制转化。元朝对蓬州辖区的调整早在宝祐六年（1258 年），也就是张大悦降蒙之时就开始了，如《元一统志》所

---

① 州署［M］//蓬州志：卷 3. 北京：中国文史出版社，2015：830.
② 杨大渊传［M］//元史：卷 161. 北京：中华书局，1976：1735.
③ 世祖纪五［M］//元史：卷 8. 北京：中华书局，1976：73.
④ 张珏传［M］//宋史：卷 451. 北京：中华书局，1977：4731.

载："宝祐六年，郡守张大悦以城降附，遂以相如县拨属蓬州。"[①]这是蓬州在战争期间最大的调整。

相如县，原本与蓬州没有隶属关系。据《旧唐书·地理志》，相如县本属"汉安汉县地，梁置梓潼郡，周省郡立相如县，以城南二十里有相如故宅"[②]，因以为名。蓬州之名也正式出现于北朝周时。据《周地图记》："武帝天和四年（569 年）割巴州之伏虞郡，隆州之隆城郡於此置蓬州"[③]，治安固县。隋大业初年，废蓬州，以其地并入巴西、清化、宕渠三郡[④]。而此时的相如县仍然存在，且属于巴西郡。唐武德元年（618 年），重新设立蓬州，辖安固、伏虞、仪陇、大寅、宕渠、咸安六郡。[⑤] "开元初，蓬州移治大寅县"。广德元年（763 年），更大寅县名为蓬池县，且为州治（今蓬安县茶亭乡蓬池坝村）。唐时的相如县一直隶属果州（治今南充市顺庆城区），与蓬州同属于山南西道。五代十国时期，"王、孟蜀俱因之"[⑥]。北宋年间，相如县隶属于梓州路，蓬州属于利州路。南宋时，相如县属于潼川府路，蓬州仍属于利州路。可见，蓬州与相如县在唐宋时代各属不同的行政区，没有直接或间接的隶属关系。

相如县与蓬州有隶属关系开始于宝祐六年（1258 年）。据《宋史·地理志》记载："嘉熙间，兵乱。宝祐六年，自果州来属。"[⑦]从此，原本属于果州（或顺庆府）的相如县改隶于蓬州。至元十五

---

① 胡昭曦，唐唯目. 宋末四川战争史料选编［M］. 成都：四川人民出版社，1984：420.

② 地理四［M］//旧唐书：卷 41. 北京：中华书局，1975：796.

③ 州郡部［M］//太平御览：卷 168. 北京：中华书局，2011：1087.

④ 州郡［M］. 通典：卷 175. 北京：中华书局，2003：1829.

⑤ 地理二［M］//旧唐书：卷 39. 北京：中华书局，1975：744.

⑥ 正德. 蓬安州志［M］. 北京：中国文史出版社，2015：791.

⑦ 地理志［M］//宋史：卷 89. 北京：中华书局，1977：968.

年（1278年），张德润向元廷请求将蓬州的州治从运山城移置于相如县，获得元廷同意。时“蜀定，令毁云山寨，复以军民还旧理”①。然而原州治蓬池县因数十年战乱而残破不堪，且水陆交通不便。张德润便将州治移入靠嘉陵江岸边的相如县。史称，“前旧治距相如县、嘉陵江一百余里，不当水陆舟车之会，乃徙州于此为理。”② 蓬州亦改属元顺庆路。明清以来地方志书多以此次迁治是张大悦的决策，如正德《四川志》记载：“元至元间，张大悦徙相如故宅之东。”③ 时任蓬州儒学学正卿惟贤在《重修蓬州治记》中也说：“按蓬州，古咸安郡也。旧在蓬池。宋淳祐乙巳，武节大夫杨大渊始迁于云山。及元至元戊寅，右丞张大悦复迁于果州相如县，建治于相如故宅之东。”④

事实上，移治相如县是其子张德润所为，这在正德《蓬州志》中有过翔实考辨：

元至元戊寅，始自云山徙相如县司马相如祠堂之左，今治是也……按《左丞张大悦墓碑记》，宋宝祐戊午为元宪宗八年，守蓬，降于元。至元七年，请老，其子德润袭爵。十年冬卒。十五年戊寅，州自云山迁治相如县。旧记误谓张大悦迁州，考之未详也。又按《王教授墓志》，东川副都元帅张公德润与之为莫逆交，至元甲戌，举之为蓬州云云。又任化龙《重修州学记》，戊寅混一，移治相如。至元壬辰秋，蜀省右丞张德润倡义捐俸廪以贲饰圣贤像。记作于皇庆二年，亦不言大悦迁州。今考其时，意者为德润迁也。俟

① 胡昭曦，唐唯目，等. 宋末四川战争史料选编［M］. 成都：四川人民出版社，1984：420.

② 雍正《四川通志》卷26《古迹上》，文渊阁四库全书本。

③ 胡昭曦，唐唯目，等. 宋末四川战争史料选编［M］. 成都：四川人民出版社，1984：455.

④ 公署［M］//蓬州志：卷3. 北京：中国文史出版社，2015：58.

更考之。[①]

这段考辨的角度和结论都是正确的。“戊寅混一，移治相如”是继任东川副都元帅张德润，而不是其父张大悦。所谓“考其时”，即至元七年（1270 年）请老退休，至元十年（1273 年）去世，而至元十五年（1278 年）移治相如县，也就是说，移治时张大悦已过世 5 年了。

张氏父子治理蓬州还是颇有政绩的，在恢复生产、兴文重教方面尤其为突出。大悦劝导百姓务农力田，自给自足，“时蓬俗多文士，少富民，自是务农力田，咸大悦之力”[②]。德润重视兴办教育，据正德《蓬州志》载：

张德润，大悦子，四川等处行中书省右丞，袭咸安郡侯。按州学记称，德润倡义捐俸以饰圣贤像及建左右庑，则德润尝继父守蓬矣，亦葬于蓬。[③]

张德润还结交儒士，与王某“为莫逆交”，并举荐为蓬州州学教授。

张氏父子颇有蓬州情结。由宋将到蒙臣的转变在蓬州，建功立业在蓬州，死后亦埋葬在蓬州。据正德《蓬州志》载：

张相公墓在州北三里，元左丞张大悦葬此。碑刻、翁仲见存。其子右丞德润亦葬于州城西一里，今称为小张相公墓。[④]

1964 年 4 月，当地一放牛娃在蓬安县锦屏镇北的山坡上不慎掉进古墓。蓬安县文化馆会同省文物局专家进行了调查清理。墓上有封土，墓前有石构建筑，墓内石室结构，墓向东南，夫妇合葬。其

① 公署［M］//蓬州志：卷 3. 北京：中国文史出版社，2015：55.

② 雍正《四川通志》卷 7《名宦下》，文渊阁四库全书本。

③ 名宦［M］//蓬州志：卷 8. 北京：中国文史出版社，2015：160.

④ 陵墓［M］//蓬州志：卷 7. 北京：中国文史出版社，2015：147.

排列中间为墓主，两女性居左右侧。出土了一些宋代器物，现存于蓬安县文物管理所。根据文献记载的地点和墓葬形制、出土器物考证，这应该就是张大悦墓。

张德润将治所移治相如县，相如县成为蓬州首县，而旧州治蓬池县从此衰落下去。

元朝对蓬州的第二项调整就是整并属县。据《元史》载：

蓬州……元初立宣抚都元帅府，后罢。至元二十年，立蓬州路总管府。后复为蓬州，领三县。相如，至元二十年以金城寨入焉。营山，下，至元二十年并良山入焉。仪陇，下，至元二十年并蓬池、伏虞入焉。①

从这段文字可知，蓬州由战前的五县变成了战后的三县，即相如县、营山县、仪陇县，其中相如县还是由顺庆府划拨过来的，实际上就营山、仪陇两县而已，原良山县并入营山县，原蓬池、伏虞二县并入仪陇县。值得特别关注的是，金城寨并入相如县。此寨位于相如、岳池、南充三县交界的金城山上，现已无从知晓原来属于何州何县，或许是战时驻扎军队的独立建制。

① 地理志［M］//元史：卷60. 北京：中华书局，1976：1440.

第四章 明清乱局中的云山寨

mingqing
luanju zhong de yunshanzhai

宋元之后，运山城虽未再发生过像宋蒙（元）时期那样激烈并且持续时间较长的战事，但其重要的军事和地理作用并未从此消失，而是在各个时期继续充当着民众百姓的避难场所或地方武装的盘踞之地。

一、鄢蓝起义中的云山寨

元明时期，四川地区没有再受到大规模战争的影响，社会秩序逐渐恢复并保持了较长时间的稳定。但明代中后期，社会矛盾日趋尖锐，各地农民起义此起彼伏，川东北地区社会动乱频发，几无宁日。

明武宗正德三年（1508 年），保宁府人鄢本恕、蓝廷瑞等人率众起义，纵横川、陕、鄂一带，队伍很快发展到十余万人，势力颇大。这些农民军时常攻掠城池，与官军作战，严重冲击了四川地区的社会秩序，川东北诸州县特别是蓬州地区亦深受影响。一直到正德九年（1515 年），鄢蓝起义军才陆续被林俊、洪钟、彭泽等人剿灭。《明史·洪钟传》中记载：

时保宁贼蓝廷瑞自称顺天王，鄢本恕自称刮地王，其党廖惠自称扫地王，众十万余，置四十八总管，延蔓陕西、湖广之境。廷瑞与惠谋据保宁，本恕谋据汉中，取郧阳，由荆、襄东下。巡抚林俊方议遏通江，而惠已至，攻陷其城，杀参议黄瓒、佥事钱朝凤等遁去。适官军自他郡还，贼疑援兵至，亦遁。俊议发罗、回及石砫土兵助朝凤进剿，参议公勉仁亦会。龙滩河涨，贼半渡，罗、回奋击之，擒斩八百余人，坠崖溺水甚众。俊复遣知府张敏、何珊等追之，获惠，余众奔陕西西乡。钟乃下令招抚，归者万余人。继而贼收散亡，陷营山，杀佥事王源，纵掠蓬、剑二州[①]。

根据上述记载，鄢蓝起义军最初想要占据保宁及汉中，再取郧阳，进而由荆襄东下。蓝廷瑞与廖惠的部队在攻掠通江后受到了明朝四川巡抚林俊的围剿，廖惠被俘，起义军余部逃奔陕西西乡县，总制陕西、四川等地军务的洪钟下令招抚，起义军有万余人归附。逃奔到汉中的蓝廷瑞等人受到明朝都指挥金冕和陕西巡抚蓝章的围剿，又返回四川境内，后蓝廷瑞、鄢本恕等起义军主要领袖被洪钟所擒，只有头目廖麻子逃脱，廖麻子收罗散部，会同曹甫南下纵掠营山和蓬州，不但攻陷了营山县城，烧掉了县治，还杀掉了分巡川北道佥事王源。

关于鄢蓝起义军攻掠蓬州之事，光绪《蓬州志》中也有相关记载：

明正德七年，保宁贼廖惠、曹甫掠州境，鄢本恕、蓝廷瑞兹蔓于邻疆[②]。

又曰：

明正德中，保宁贼鄢本恕、蓝廷瑞扰营山，源适擢分巡川北佥事，乃兼程按部蓬营，选乡勇，令州贡生费宏道率以从，战于营山城下而败，源中七创，仆于野，次日卒。义勇既败溃，宏道独跃马格斗，力竭被执于火焰山下。逼降，又欲尊为渠酋，宏道詈之遇害。杰以分巡川东副使，尾贼而蹙之，大战苍溪铁山关被执，大骂遇害。事闻，赠源、杰官，荫子，敕蓬州、营山建祠，春秋致祭，附祀宏道，恤其家，给米帛，免徭役，子孙世袭冠带[③]。

王源是山西五台人，正德五年（1510 年）升为四川按察司佥

---

① 洪钟传［M］//明史：卷 187. 北京：中华书局，1974：4959.

② 光绪《蓬州志》卷 12《武备篇》，清光绪二十三年刻本。

③ 光绪《蓬州志》卷 11《忠义篇》，清光绪二十三年刻本。

事，但他还没来得及抵任，就被四川巡抚林俊任命为分巡川北道佥事，并命其率领兵勇征剿鄢蓝起义军。正德五年（1510 年）十一月十四日，王源驻节营山，忽然听到农民军来攻的谍报，但其麾下仅有蓬州乡兵四百人，包括市井负贩等仍不满千人。只得督令典史邓俊将城门堵塞，并设置敌棚以为固守之计。第二天黎明，鄢蓝起义军一万余人突至城下，锋锐难当。王源亲自上阵，与起义军短兵接战，但最终因寡不敌众而力竭被杀。此役不但营山县城被攻陷，连分巡川北佥事王源、分巡川东副使冯杰等官员及蓬州贡生费宏道等尽皆战死，足见蓬州地区受鄢蓝起义影响之深。

在此危局之下，为了平定鄢蓝起义，时任四川巡抚的林俊号召各地修堡结寨，作为民众自保的避乱所和官军进剿的基地。当时仅蓬州金城巡检司就修筑了 58 座寨堡[①]。云山寨亦在这 58 座寨堡之中。作为蓬州近郊最负盛名且异常坚固的军事堡垒，明军断无弃而不用之理。因此，鄢蓝起义时期的云山寨再次成为蓬州百姓的庇护所。

二、张献忠入蜀时的云山寨

明清之际，中国社会处于新旧王朝更替的大变革时期，社会秩序混乱，各地农民起义此起彼伏，整个四川地区一直饱受战乱之苦，可谓民不聊生。这一时期，川东北地区最严重的动乱当属张献忠入蜀和“姚黄之乱”。运山城在此时的文献中被称为云山寨。

明思宗崇祯三年（1630 年），张献忠响应府谷王嘉胤，聚十八寨农民起义，号称“八大王”。在崇祯六年（1633 年）至崇祯十七

① 关隘［M］//蓬州志：卷 6. 北京：中国文史出版社，2015：108-110.

年（1644 年）间，张献忠农民军先后五次入蜀，与残明和清朝军队展开多次激烈交锋，川东北地区更是其主战场之一。光绪《蓬州志》中记载：

崇祯七年，献贼自湖广入川，三月十三日，贼党自营山来寇。未几，献贼败于巴，牵率东窜。其后闯献迭扰，姚黄继乱，全川无宁居①。

又说：

燕山塞，在州治东三十里，形如屏立，横亘半空。山上平坦，有凤仙寺，池塘可资灌耕，明季张献忠屡攻不克②。

张献忠此次入蜀时的实力不强，在攻陷夔州不久，便被重庆总兵秦良玉驱逐。但蓬州地方志中的记载确实已经能够证明，早在明崇祯七年（1634 年）张献忠就已在四川蓬州等地有相关军事活动。而此时运山城继续发挥着保境安民的重要作用，再次成为蓬州百姓的避难所。

三、姚黄乱蜀中的云山寨

在张献忠崇祯七年从蜀地败走之后，“姚黄”即乱动全川。“姚黄”是指姚天动和黄龙二人。姚黄势力是明末四川地区的流寇土匪组织，或称“摇黄”“四家”“十三家”等。他们既无统一名号，也无明确作战目的，纯属匪类，为祸不浅。关于姚黄十三家的兴起，清人费密所著的《荒书》中有明确记载：

两贼（指李自成和张献忠——引者注）乱天下事，多未能悉

① 光绪《蓬州志》卷 12《武备篇》，清光绪二十三年刻本。

② 光绪《蓬州志》卷 15《艺文篇》，清光绪二十三年刻本。

著。著其犯四川者，流贼甲戌之入蜀地，则四川山水险阻，不可驰驱，恐官兵围而歼焉。遂出白水江，复入秦。而汉中府为贼掠者，遂留川东、川北山谷间为贼。夜捉人而系之，年余乃解，面颊上刺“天王”“大王”等字，使不得归，归则有司以曾为贼治罪。久之，党遂众。贼首最著者摇天动，曰黄龙，蜀谓之摇黄贼。其掌盘子十三人，号摇黄十三家：曰争天王袁韬、曰震天王蛟龙、曰整齐王张某、曰黑虎王混天星、曰必反王刘惟明、曰夺天王某、曰闯拾王某、曰争拾王黄鹞子、曰二哨杨乘胤、曰六队马超、曰行十万呼九思、曰顺虎过天星梁某、曰九条龙。遂为四川东北大害[①]。

姚黄贼众多为流贼在汉中等地掳掠裹挟之人，官军对这些“从贼者”往往施以重处，甚至斩首以儆效尤，致使这些被掠在贼营之人不敢逃归，逃归之人又害怕被捕，于是索性躲入川东、川北山谷中为贼，故川东、川北一带被祸尤惨。

关于姚黄贼对蓬州地区的祸害，光绪《蓬州志》中有如下记载：

（崇祯）十五年，献贼再至，而响马贼马潮、呼九思、袁韬乘势踞州之嘉陵以东及仪陇、南部境，杀老弱、掳精壮，掘塚墓，生死咸惧其酷，于是田卒蒿莱。贼以人为糈，献贼之党[②]。

清人彭遵泗《蜀碧》中也说到：

沔县人袁韬，因奸婶事发，逃投响马贼马潮、呼九思等，继踵姚、黄，日事掠杀。及献入，遂乘势据蓬州、仪陇、南郡（即南部——引者注）各地方，杀老幼、掳精壮，掘墓开坟，生死无得免者。数年间乌合愈众，分为十二大队。时岁饥，贼以人为食[③]。

---

① 费密. 荒书［M］. 成都：巴蜀书社，2002：423.

② 光绪《蓬州志》卷12《武备篇》，清光绪二十三年刻本。

③ 彭遵泗. 蜀碧：卷4［M］. 成都：巴蜀书社，2002：172.

这里所提到的响马贼马潮、呼九丝就是姚黄贼的一支。崇祯十五年（1642 年），姚黄贼这些地方武装便趁势占领了蓬州及以东的仪陇、南部之境，荼毒生灵。面对如此局面，蓬州当地人民不得不自发结寨自保，其中又以避乱于云山者最多。“民保诸寨，自团集以图存，号为义师，保云山者尤众。[①]

遗憾的是，由于山上董、戴二姓奸民通敌，大开城门，匪众上山后先杀此二人，后大肆屠杀云山寨上居民，最终仅四人逃脱。光绪《蓬州志》记载了这起惨烈之事：

庠生崔之茂之母于氏避贼云山寨，寨破投崖死。庠生王杰之妻卢氏亦保于云山，被执，夺刀自刺死[②]。

又曰：

云山最险固且尔，况其他哉。厥后李光奇、僧容宏拾积遗骸而埋之，盖累累数万具也[③]。

此说之数字虽有所夸张，但蓬州云山一带被祸之惨可见一斑。

关于该时期运山城的情形，在老观音龛题刻（T7）中也有反映：“避兵者烦集……越甲申年春月……”从此龛的形制和题刻所反映的这一时期历史来看，此甲申年应为清顺治元年（1644 年），这一年正是张献忠在成都建立大西政权称帝的时间，也是四川地区战乱最为严重的时期。张献忠称帝之后，随即“遣其将刘进忠、马元利略川北，刘进忠入据保宁，马元利入据顺庆”[④]，川东北一带大受战乱之害。此处题刻清楚记载了清顺治元年（1644 年）以前蓬州当地民众为躲避战乱而迁居云山寨的史实，可惜姚黄匪军一

---

① 光绪《蓬州志》卷 12《武备篇》，清光绪二十三年刻本。

② 光绪《蓬州志》卷 13《列女篇》，清光绪二十三年刻本。

③ 光绪《蓬州志》卷 12《武备篇》，清光绪二十三年刻本。

④ 民国《新修南充县志》卷 1，民国十八年刻本。

至，避兵者万人归西。

四川的混乱情形一直延续至清顺治年间。顺治二年（1645年），四川巡抚李国英大破诸武装力量于遂宁圹墟坝，马潮、呼九思死在败走路上，袁韬带领残兵数百人逃奔川东。[①] 直至清顺治十五年（1658 年）诸乱终平，四川地区才川疆渐定。其后虽有谭宏诸人之乱，但已不成气候，为害亦较浅，四川终于获得了喘息之机。

四、白莲教起义中的云山寨

清初平定四川之后，包括蓬州在内的整个四川地区逐渐恢复生机，社会也相对稳定。这一时期几乎没有关于运山城的相关记载，直到清嘉庆元年（1796 年）运山城才再次被文献提及。

清嘉庆元年（1796 年），波及川、鄂、陕、豫、甘五省的白莲教起义爆发，巴蜀地区特别是川东北地区既是起源地，也是重点区。巴蜀地区持续了百余年的稳定局面终结。面对四处蜂起的白莲教起义军，四川清军统帅明亮、德楞泰于嘉庆二年（1797 年）十月上奏嘉庆帝，请允各地广修民堡。次年，龚景瀚又上《坚壁清野议》，奏请嘉庆帝采用坚壁清野之法，让各地百姓“自相保聚”“相与为守”[②]。同年，四川总督勒保“以贼踪靡定，所至裹挟，乃书坚壁清野政策，令民依山险扎寨屯粮，团练乡勇自卫”[③]。一时间巴蜀地区建立起了大批寨堡，当时蓬州地区同样修治和新建了大

---

① 光绪《蓬州志》卷 12《武备篇》，清光绪二十三年刻本。

② 龚景瀚传［M］//清史稿：卷 478. 北京：中华书局，1977：13041-13042.

③ 勒保传［M］//清史稿：卷 344. 北京：中华书局，1977：11141.

批寨堡，百姓不得已而上山自保，这时云山寨也再次成为数以千计民众躲避战祸的避难场。

据光绪《蓬州志》记载：

达州奸民王三槐煽乱丑类蜂起，所在寇攘，民多葺寨堡以保，而云山之寨民棚居者数千[①]。

王三槐，四川达州人，是清代川楚白莲教义军的首领之一。蓬州地区在白莲教起义中受到重大影响，当时清军派西宁总兵富尔察、重庆总兵百祥来蓬州增援，才暂时缓解了蓬州等的战事。由于云山寨上居住避难的百姓过多，甚至发生过火灾这样的意外，“嘉庆三年正月十二日，云山火，民死者二百余人。”[②] 嘉庆四年（1799 年），王三槐被清军诱杀，但活动在川楚地区的白莲教起义军仍然和清军继续作战，而清政府更加认识到类似于云山寨这样山寨，对白莲教的抵御作用是卓有成效的，于是更加坚定地采取“坚壁清野”“寨堡团练”之策，切断了白莲教军同人民的联系，使其逐渐陷入孤立境地。直到嘉庆九年（1804 年），最终平定了这场清中期最大规模的农民起义活动。

运山城的碑刻中也有白莲教起义的相关记载。西门地区的地藏菩萨龛左侧题刻中有这样的记载：“民往往求而即……攻而不破江□后焚祝者……”[③]。该题刻的开凿时间是清嘉庆七年（1802 年），这时正是白莲教军在该区域活动的时间段。地藏菩萨在民间信仰中主要是起到超度亡灵的作用，因此这一时期修建地藏菩萨龛的举动从侧面印证了此处应当发生过战乱灾祸导致大量伤亡事件。在观音洞内的题刻也有关于此次战乱的记载：“新主禅位，远民人反，兵

① 光绪《蓬州志》卷 12《武备篇》，清光绪二十三年刻本。

② 光绪《蓬州志》卷 12《武备篇》，清光绪二十三年刻本。

③ 地藏菩萨龛题刻（T14）左侧。

革四兴，寄此十里，途程远观，遥望可避隐身，而径达此地。”①该题刻的落款时间为清嘉庆十四年（1809年），所谓的“新主禅位”正是嘉庆一朝，在此避难的人民也正是看到了云山寨险要的地势和天然洞穴才前来避祸。至嘉庆十四年（1809年），“今皇恩覆被，天下太平，挽回故土，享清平人世，受年丰之稔”②，云山寨一带终归平定。

五、李蓝起义中的燕山寨

清咸丰九年（1859年），昭通人李永和、蓝朝鼎在家乡牛皮寨聚众起义。这次起义是咸丰、同治年间西南地区规模最大的一次农民武装起义。咸丰九年（1859年）十月，李蓝起义军由云南进入四川境内。到咸丰十一年（1860年），李蓝起义军已攻入川东地区。此时，蓬州前知州陈言昌着手开始“团练备之于锦屏山”③，防范李蓝之部。此时云山寨已改名为燕山寨，经过嘉庆年间的白莲教起义，燕山寨的防御设施估计已大部毁坏，所以进行了一次较大规模的维修和改建。可以明确辨认的是东门门洞的改变，大概还有东门附近隔离墙和城东南一带外城墙和城门的修建和加筑，但难以确认。从实地调查情况看，燕山寨东门内的半圆形门额及门柱就是在清咸丰九年（1859年）加筑的，至今题刻尚存，可作确证。宋代城门体量巨大，门洞既高且深，普通百姓的力量难以堵御。在门道内加筑半圆形门额及门柱的目的在于缩小东门的内门道，从而减

① 观音洞T11。

② 观音洞T11。

③ 光绪《蓬州志》卷12《武备篇》，清光绪二十三年刻本。

轻防御的难度，增强防御效果。咸丰十年（1860 年）十一月，李蓝义军首领李永和、谢大脚、张五麻子等率领十二万人、六千匹马绕道进入蓬州河舒场、杨家场等地，声势浩大。为了共同抵御防范李蓝部的进攻，经蓬州郑元愷提议，蓬州地区的九座山寨相互结盟，以期共同防御，结寨自保，燕山寨正是九寨之一。据光绪《蓬州志》记载：

郑元愷倡连盟保境之议，罗山、三星、燕山、关公、龙冈、长生、辛家、德兴、龙纬诸寨同盟于河舒场，贼闻而畏之①。

民国伍玉雯等编修的《蓬安县志稿》中也有相应记载：

郑元愷倡议诸寨联盟保境，于是同盟者遂有九寨，其盟辞云：维咸丰十有一年，夏五月十有九日，小罗山寨人郑元檑、陈英敏、雷文候、程茂桢、雷大殿、三星寨人蓝大用、鲍显良、虞秀兰、周文芳，燕山寨人蓝大智、向开阳、程致和、彭宗虞、蓝大福，关公寨人杨志……式遏寇虐，同盟于河舒场……九寨卒安堵，众志成城，寇来莫上②。

从上述记载可以看出，清朝中后期燕山寨仍在发挥着护佑百姓生命安全的重要作用。且燕山寨及其周围城寨不再孤立存在、各自为守，而是相互之间密切配合、彼此声援，甚至互誓盟约，共同防御流寇。事实证明，九寨结盟使李蓝部最终放弃了进攻河舒一带。

① 光绪《蓬州志》卷 12《武备篇》，清光绪二十三年刻本。

② 武备志［M］//蓬安县志稿：卷 14. 北京：九州出版社，2017：536-537.

第五章 运山城历史遗迹

yunshancheng
lishi yiji

一、运山城遗迹概况

据文献记载，元朝统一天下后，曾下令毁弃运山城，将蓬州迁回旧治。运山城的城防设施等在当时已经遭到了比较严重的人为破坏。时至今日，经过700多年的历史变迁，历经明清至民国时期多次战乱破坏的运山城早已不复当年盛景。城内原有建筑大多不存，原本雄伟完备的城防体系也已淹没在荒草荆棘之中，难寻踪迹。运山城分内外两层防御体系，但外城区域的防御设施等遗迹的分布和保存情况长期不为人知。通过近年来持续而全面的田野调查工作，现在可以确定运山城遗址内有内、外城门遗迹共11处，城墙遗迹8处共计10段，摩崖题刻、碑刻16幅，龛窟7处，洞窟2处。此外，城内还有寺观遗迹和塘堰、水井、少量洞穴、崖墓及部分明清至民国时期的民居建筑等遗迹。可以说，运山城自建城以来，见证了蓬州700多年的历史兴衰，至今在山顶各处还随处可见当年的石质建筑构件、板瓦片及各类生活陶瓷器残片。见图5-1。

运山城上大量遗迹、遗物的存在，印证了文献中关于蓬州迁治及后来历代军事活动的记载。从整体上来看，运山城的各种遗迹主要集中分布在运山顶部，或靠近山顶部的必经道路上。通过对各类遗迹分布的位置、关系等加以整理发现，运山城遗址虽然规模较小，但仍然体现出不同的功能分区和布局，并且各个区域都有着明确的分工。例如，在运山城的东门、西门及南部地区，城防设施最齐备而且异常坚固。说明这些区域极有可能是运山城历史上曾经发生过激烈战斗的地区。从功能上来讲，应是城内重要的军事区域，分布于这些区域的大量摩崖题刻和碑刻可为印证。而在山顶部大部

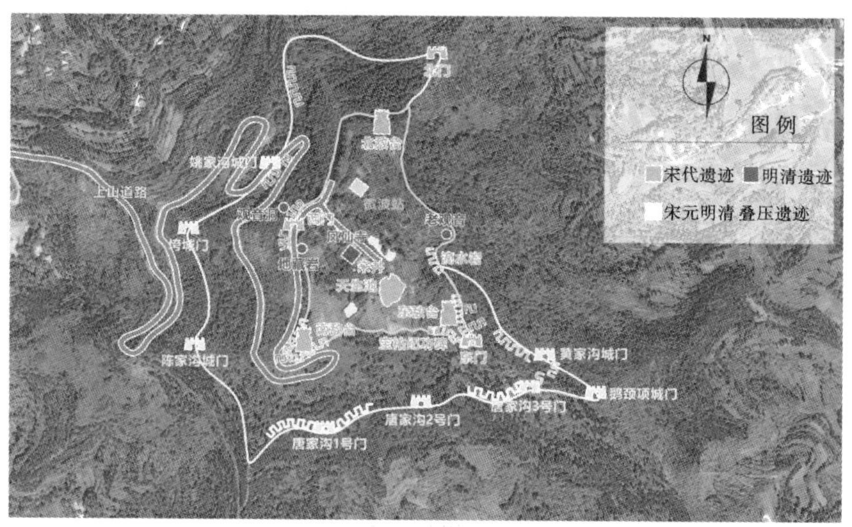

图 5-1　运山城遗迹分布示意图

分区域，则以民居建筑、寺庙、塘堰等生活类的遗迹居多，反映了当时该区域的生产生活状况。山顶部的北侧及西门至南敌台两大区域，绝壁矗立，可谓天险，是城内安全系数最高的区域，也是调查发现军事遗迹分布最少的区域。这两大区域土地平坦开阔，土壤肥沃，非常适宜耕种。而且土壤中包含物十分丰富，随处可见大量宋代以来的瓦砾及生活用陶瓷器残片等遗物，显然是运山城内生产、生活的重要区域。通过对运山城各类遗迹总体分布情况和各区域出土遗物情况综合分析，我们认为山顶东部、西南部应该是重要的军事防御区域，而山顶中部、北部及西门至南敌台一线应为城内重要的生产生活区域。

下文分防御设施、附属设施及其他三类详细介绍。

二、防御设施

运山城遗址作为特定历史时期的军事性防御要塞，其防御设施主要由线性的城墙和天然陡崖以及点状分布的城门构成。除了最主要的城墙和城门外，还有诸如跑马道、敌楼等相关防御设施。

（一）城墙

城墙是山地城堡防御设施中最重要的组成部分。运山城遗址内现存 8 处共计 10 段城墙遗迹，构成了内外两重防御线。其中分布于内城范围的城墙分别是：东门内城墙、东门外隔离墙、南敌台处城墙、南敌台下隔离墙、山顶部西南侧悬崖边城墙。分布于外城范围的城墙分别是：姚家沟城门附近城墙、唐家沟一号城门附近城墙、唐家沟三号城门附近城墙、黄家沟城墙以及滴水岩城墙。其中保存状况相对较好的城墙有 4 段，分别为东门外隔离墙、黄家沟城墙、唐家沟一号城门和三号城门附近的城墙。这 4 段城墙总长度超过了 300 米，大部分经过多次加筑，而非一次性修筑完成。因此，从现存的城墙上可见数种不同形制的城墙石及砌筑方式，部分地区有较为清楚的叠压关系。运山城其他位置的城墙遗迹大多损毁严重，保存较少。

1. 东门内城墙

东门内城墙位于东门以内左右两侧，其中左侧城墙距离东门两米有余，沿自然崖壁而修建，通高 330 厘米、残长大约 15 米。从砌筑的方式来看，这一段城墙为顺砌筑法，所选用的石材规格明显较小，应是明清时期修建。右侧城墙与东门右侧相接，同样沿崖壁而建。但此段城墙并非以条石垒筑，而是在崖壁顶部竖立多根巨大的方形石柱，石柱上开凿缺口，石柱与石柱之间嵌合以宽而薄的石板，形成简单的防御城墙。此段城墙高约 150 厘米，长约 10 米，厚度仅 10 厘米，共由五段石板嵌合而成。这种石板隔墙建筑工程量小，但功能却不少。一方面能为防守于东门内的士兵提供简单掩体，同时能提升崖壁高度和险度，增加敌人攀援的难度，还能防止城内人、畜跌落崖下。见图 5-2。

图 5-2　东门内石栏杆

2. 南敌台城墙

此段城墙位于南敌台左侧，修建在敌台悬崖边，距离敌台平面下约 130 厘米。此段城墙由七层城墙石垒筑而成，破坏较甚。城墙石的錾刻纹路为“人”字纹。形制规整，长约 100 厘米，宽、高约 30 厘米，带有宋代城墙石的典型特征。该段城墙从南敌台向东门方向延伸，间或分布于山顶部东南一侧的悬崖边，是运山城内城东南段的重要防线，起到加固内城防御的作用。见图 5-3。

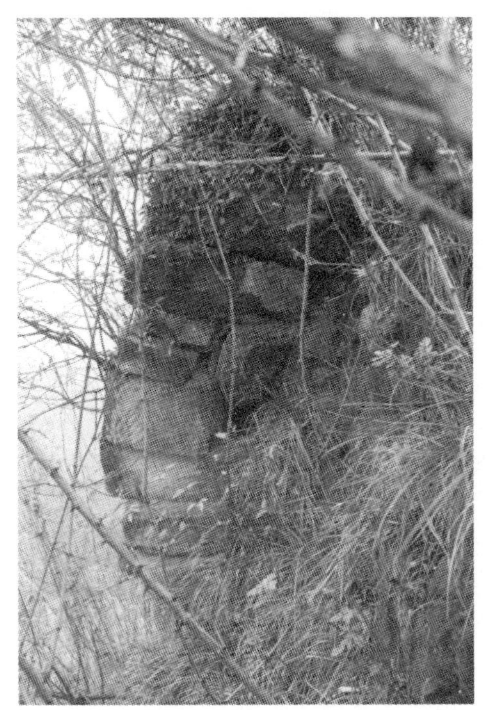

图 5-3 南敌台下城墙

3. 山顶部西南侧城墙

该段城墙位于运山城西门附近，沿内城西南侧悬崖边缘修建，与南敌台城墙类似。城墙破坏较为严重，仅存数米，由四层简单加工的方形城墙石垒筑而成。根据城墙石特点及砌筑风格等判断，此段城墙修建的时间较晚。

4. 姚家沟城门附近城墙

该段城墙位于姚家沟城门左侧，垮塌比较严重，现仅存数米长，高约 200 厘米。城墙由 8~10 层长条形城墙石垒筑而成，城墙石体量较小，加工较为粗拙。砌筑方式为顺砌，推断其修建年代约在明清时期。此段城墙修建在山腰地带一处面积较小的平台边缘，从所处位置看，当属于外城防线上的重要防御设施。见图 5-4。

图 5-4　姚家沟城门附近城墙

5. 黄家沟城门附近城墙

黄家沟城门附近城墙属于运山城的外城防线，根据城墙走向可将其分为两部分：一段呈南北走向，从鹅颈项山脊垂直向北。此段城墙长约 40 米，宽度各处有所不同，靠近鹅颈项顶的部分宽约 170 厘米，沿城墙向前宽度逐渐增加，最宽处约 220 厘米。城墙高度因为损毁程度不同而有所差别，保留较好的部分高约 400 厘米、部分地方由于垮塌残高仅 150 厘米。城墙外部采用丁砌筑法，内部填埋碎石、杂土夯实。城墙石打磨精细、形制规整，以长 65 厘米、宽 38 厘米、高 38 厘米的长条形城墙石居多。部分城墙石之间有类似榫卯结构，相互之间嵌合紧密，錾刻花纹以斜纹为主，部分为“人”字纹。综合来看，该段城墙具有典型的宋代城墙特征。

黄家沟城墙的另一段呈东西走向，城墙的走势与鹅颈项山脊走势大致相同。城墙长 100 余米，起点与黄家沟南北向城墙垂直相接，另一端一直向西延伸至东门下的悬崖，并与鹅颈项山脊构成闭合的防御线。所用城墙石长约 84 厘米、宽约 28 厘米、高约 25 厘米。黄家沟城门附近城墙是目前运山城上连续保存最为完好的宋代城墙遗迹。此段城墙沿山腰崖壁依势而建，城墙外有高 3~5 米的断崖，在此加筑城墙，可在一定程度上增强防御。此段城墙所在区域虽没有山顶部的悬崖陡峭、险峻，但也易守难攻，为运山城防御体系构建了外层的防御延伸，加强了整个山城的防御能力。见图 5-5、图 5-6。

图 5-5　黄家沟城墙局部（一）

图 5-6　黄家沟城墙局部（二）

6. 唐家沟一号城门附近城墙

唐家沟地区的城墙分布于运山城外城东南侧，主要有两段，第一段从唐家沟一号城门附近开始，沿山腰向唐家沟二号城门方向延伸，中间部分垮塌。另一段在唐家沟三号城门附近，此段城墙保存较好，最终与鹅颈项山脊相接。

唐家沟一号城门附近城墙属于运山城外城南段防线，长约 120 米，保存状况一般，除城门处有缺口外，其他部分与天然崖壁相接，构成一道完整的防线。该段城墙一部分修建在缓坡之上，一部分修建在天然的崖壁上，城墙现存 7~10 层，高 200~500 厘米。城墙石主要有两种规格，城墙下方 1~4 层主要由切面高、宽约 30 厘米的长方形城墙石丁砌而成；而城墙上方 5~10 层则由长约 150 厘米，宽、高 30 厘米的长方形城墙石顺砌而成。此段城墙有着明显的叠压关系，根据城墙上、下部砌筑方式，石材规格等方面来判断，城墙下部 1~4 层当为宋代遗迹，上部 5~10 层应为明清时期重建。见图 5-7。

图 5-7 唐家沟一号城门附近城墙

7. 唐家沟三号城门附近城墙

唐家沟三号城门附近城墙与黄家沟城墙大致在同一纬度，同黄家沟城墙的整体风格类似，二者同属运山城外城防线东南段的重要组成部分。该段城墙亦可依据城墙走向分为两部分：其一垂直于鹅颈项山脊，向南延伸，残长 8~10 米，厚约 300 厘米，残高 200~300 厘米，由体量巨大的楔形、长条形城墙石丁砌而成；其二沿唐家沟三号城门附近崖壁延伸，大致呈东西走向，并与前部分城墙垂直相接，构成完整闭合曲线（经纬度：N30°59′20.38″、E106°26′58.44″，海拔 497 米，两段城墙交汇处）。该段东西向城墙同唐家沟一号城门附近城墙形制相同，城墙长约 20 米、高 600~700 厘米，由 15~17 层城墙石砌筑而成。城墙石形制及砌筑方式主要有两种：下部以切面宽约 40 厘米、高约 30 厘米的楔形、长条形墙石丁砌而成，城墙自下而上逐步内收，呈 10°左右的向内倾斜度，具备宋代城墙典型特征；城墙上部以宽约 195 厘米、高约 30 厘米的长条形城墙石顺砌而成，无倾斜度，应属明清时期加筑。此处发现的长条形城墙石是目前运山城上发现的体量最大的城墙石。根据城墙石规格及砌筑方式来看，唐家沟地区的城墙当始建于宋末，并在后世多次维修利用。

唐家沟地区防御设施的构建充分利用了周围山势和悬崖，通过城墙与崖壁的有机结合，构成了东门外的二层防御线。此外，在此段城墙西侧边缘处还发现一处隔离墙，该隔离墙右侧与悬崖相接，左侧垂直于唐家沟城墙。可见唐家沟城墙在修建时既借助了自然条件，也通过加筑隔离墙方式增强了防御能力。由此也能看出东门区域内、外防线在整个运山城防御体系中占据着重要的地位。见图 5-8。

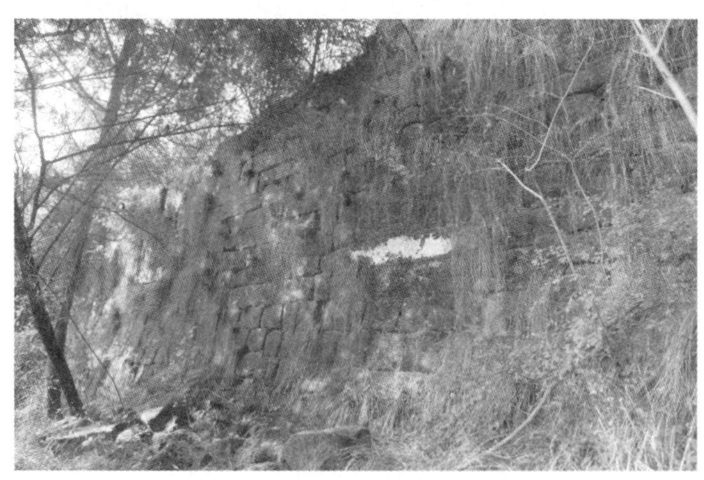

图 5-8　唐家沟三号城门附近城墙

8. 滴水岩城墙

滴水岩城墙位于山顶部东侧悬崖边，滴水岩是运山城内城地势最低缓的区域，此处与山腰处的垂直落差较小，是山顶防御最薄弱的地区。因此在此加筑城墙连接左右崖壁，有效提升了这一缺口的守御能力。滴水岩城墙连接老观音龛附近崖壁与东敌台北部悬崖，由加工精细、规格统一的长方形、楔形城墙石丁砌而成，通长约20米，残高约6米。此段城墙地处运山城东部内、外城防的交汇处，属于内、外城防线的过渡地带，在运山城防御体系中占据着重要的地位。见图5-9。

图5-9 滴水岩附近地形（缺口处即滴水岩）

（二）隔离墙

运山城内共发现4处隔离墙，其中2处位于东门左侧，1处位于唐家沟三号城门附近，1处在南敌台下。在城墙外加筑隔离墙，可起到在局部范围内阻断来敌横向穿越的作用，是运山城防御体系的一大特色。

1．东门外隔离墙

东门附近共发现两段相距不远的隔离墙，其中一段位于东门外左侧10米的一处平台上，平台背靠山体，面朝悬崖。隔离墙垂直于山体而建，高约 7 米，宽 3~4 米，厚约 2 米，由 21 层长方形条石垒筑而成。这些石材加工粗拙，整个隔离墙上窄下宽，外缘呈弧形，无法翻越和攀援。该隔离墙隔断了东门外部平台和东门内侧的敌台，阻断了外敌来犯之路，从而加强了东门地区的整体防御能力。

东门是运山城的防御重点，而该地区的城墙相对于其他地区而言，无论在形制还是位置上都显得比较独特。设置这些防御设施的主要目的是完善和配合东门及其周边的防御体系。东门及其附近防御设施所用的石材多是就地取材，在东门外侧及宝祐纪功碑附近的岩体上，均发现有较大规模开山取石的痕迹。见图 5-10。

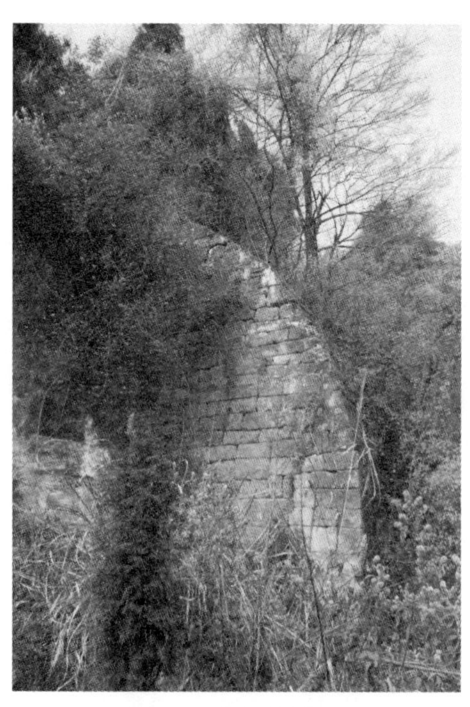

图 5-10　东门外隔离墙

在前述隔离墙左侧约 3 米处还有一段隔离墙，因其孤悬于绝壁之上，掩映于杂草之中，人无法靠近，故其具体尺寸数据不详。从崖壁下仰视，其形制与前述隔离墙类似，但规模远不及前者，应当是后期为更进一步加固东门敌台区域的防御而补建的。

2. 南敌台下隔离墙

此段隔离墙位于南敌台下方的平台上，该隔离墙高约 4 米，由 19 层规格不一的城墙石垒砌而成，整体形制上窄下宽，顶部、外缘为弧形，无法攀援和翻越，整体风格与东门附近隔离墙类似，时代亦相差不远。见图 5-11。

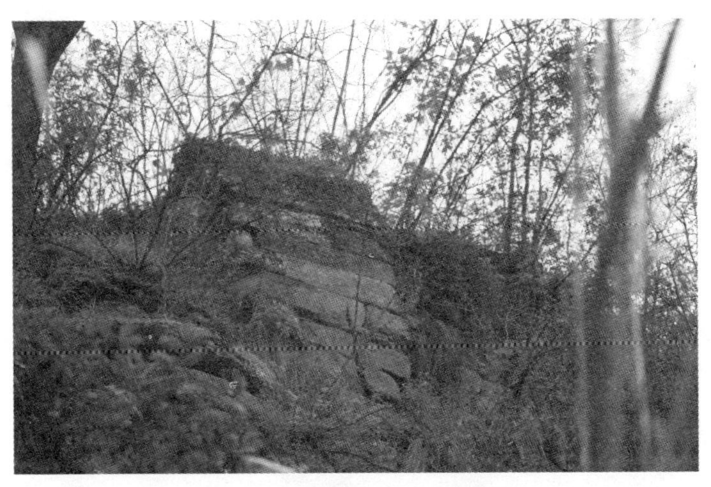

图 5-11　南敌台下的隔离墙

（三）城门

据当地百姓回忆，运山城原有 12 座城门，或说 10 座城门，说法不一。实地调查发现，运山城共有城门遗迹 11 处[①]，保存较完好

① 南门在文献及当地居民口中均有提及，但南门地区由于地势较高，设门的可能性较小，所谓南门并不是城门，而是敌台。如果算上所谓“南门”，正好是 12 座城门。

的城门1处（东门），其他城门遗迹10处：西门、北门（檬子垭城门）、姚家沟城门、垮城门、陈家沟城门、唐家沟一号城门、唐家沟二号城门、唐家沟三号城门、黄家沟城门、鹅颈项城门。除东、西、北三门为内城门外，其余均为外城门。现将城门遗迹依次介绍如下：

1. 东门

东门位于运山山顶东南部，经纬度坐标为N30°59′23.89″、E106°26′50.62″，海拔546米，城门朝向为南偏东55°，是城内唯一保留至今的城门。东门左依岩体，右凭悬崖，凿石为路、开山而建，地势险峻。城门主体由体量巨大、打磨精细的条石垒筑而成，共计16层。从第六层开始起拱，门拱由11块较长的拱券石构成，门拱上方又加筑有6层城门石，城门内部为圆拱形门道，整个东门通高约450厘米，通宽320厘米，进深246厘米；城门门洞高288厘米，宽220厘米。见图5-12、图5-13、图5-14。

图5-12　东门外立面

图 5-13 东门内立面（一）

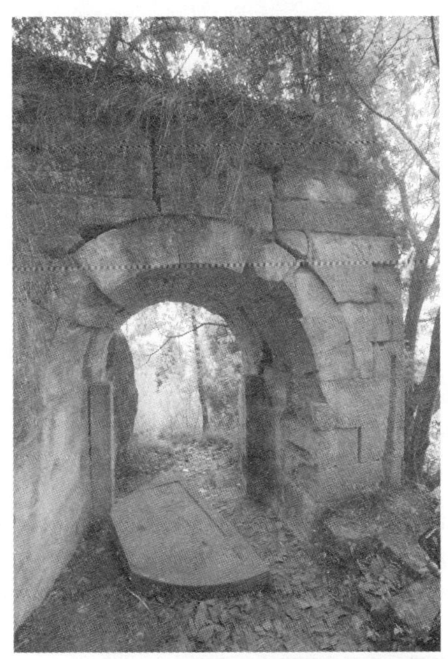

图 5-14 东门内立面（二）

运山城东门门道高且宽，所用石材形制规整，材质为砂岩（石），颜色呈淡黄色，表面较为粗糙，是四川地区典型的石质材料，易于加工。城门石中较大者长 132 厘米、高 32 厘米、厚 28 厘米，最大重量可达 400 千克左右；较小者长 74 厘米、高 36 厘米、厚 32 厘米，平均重量约在 250 千克左右。① 由此可见，运山城东门的修建难度之大。根据东门的形制和规模来看，虽然城门石规格有大有小，而且纹路有所差异，但整体风格都带有典型的宋代特征，只不过应是经过先后两次不同时间加筑而成。根据“宝祐纪功碑”记载，杨大渊修筑运山城之后，张大悦又对东门一带进行了补修，加强了东门防御，从东门以及东门外宋代城墙来看，确实是两次筑成，这也印证了文献的记载。此外，从另一角度观之，要在短时间内砌筑规模如此巨大且坚固耐用的城门，其所耗费的人力、财力可想而知。宋代修筑城寨防御蒙古，是以国家为后盾，军队为主力，属于朝廷支持的行动，因此可以在短时间内实现如此艰巨的任务。而明清时期避乱于运山城的居民主要是贫苦大众，无论人力、财力均无法与宋代相比，基本上不可能在短时间内完成规模如此巨大的修建工程。另外从敌军规模及战斗力来说，农民起义军、土匪显然无法与蒙古骑兵相匹敌，因此当时也没有必要修筑如此坚固的城防设施。见图 5-15。

由于宋代城门规模大，门拱高，而明清时期运山城上以避难百姓为主，防守能力较弱，无须如此高大的城门。因此，在清咸丰年间，城内百姓通过在宋代门拱内加筑门柱及门额的方式将东门门道的高度和宽度都进行了缩小，并以此来增强防御的有效性和针对性。东门门道左右壁中部位置，现各存一门柱，相对而立。左侧门

---

① 其选择大小较为平均的一块条石进行计算，其大小为长 100 厘米、宽 30 厘米、厚 30 厘米，砂岩的密度约为 $2.7\times10^3 kg/m^3$，根据 m=pv 公式进行计算。

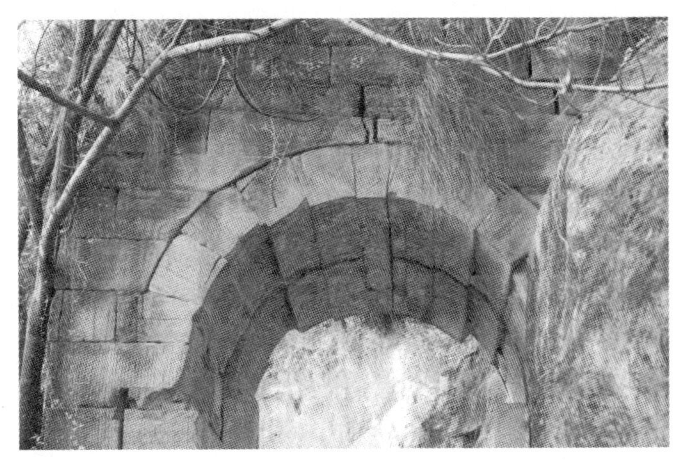

图 5-15 东门门拱

柱高 170 厘米，宽 26 厘米，厚 24 厘米；右侧门柱高 240 厘米，宽 24 厘米，厚 23 厘米。门柱上刻有对联，每联七字，字径 10~13 厘米，文字现已被凿毁。对联首字上部都刻有如意形纹饰，现在依旧清晰可见，纹饰高 17 厘米、宽 15 厘米，图案具有清代特征。门柱上原有一块近似于半圆形的城门门额，底部长 190 厘米、顶部长 140 厘米、高 93 厘米，顶部原来应当填有石砖与城门内顶相接，并置于城门内两侧门柱上。2008 年“5·12”汶川地震时，门额被震落于地。门楣上刻有“天外一峰”四字，行书字体，四周装饰回形纹图案，图案长 135 厘米、高 67 厘米，四字平均分布于图案之中，字径 14~28 厘米，笔力遒劲。门楣顶部刻有“大清咸丰九年三月二十五吉众首事等立”等字，楷书，字径在 2~5 厘米。

东门门道内部墙壁上有大小不一的门槽 5 个，门槽有半圆形和方形两种形制，方形门槽四个，两两对称，大小不一，小者高 13 厘米、宽 13 厘米、深 28 厘米；大者高 14 厘米、宽 16 厘米、深 8

厘米。除此外还有半圆形门槽一个，单独位于城门内侧城墙上，直径约 15 厘米、深 13 厘米。见图 5-16。

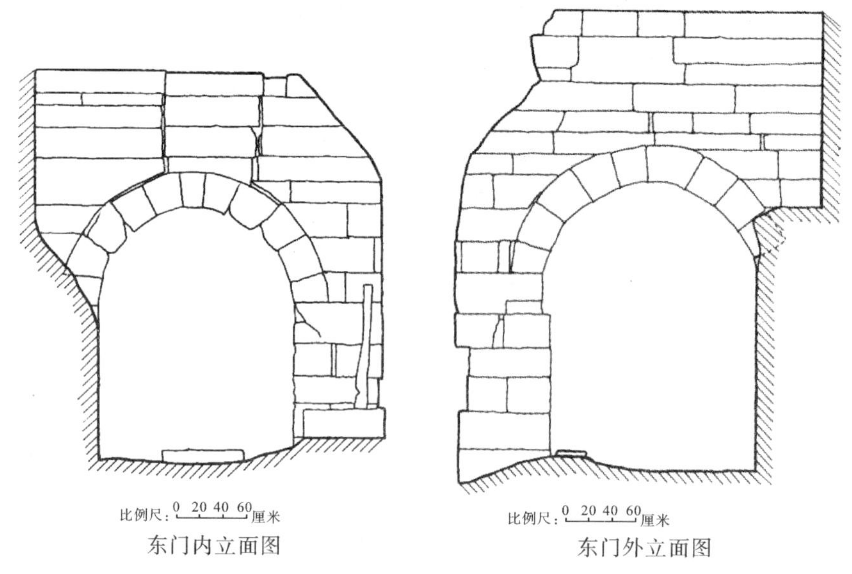

图 5-16　东门内立面及外立面图

2. 西门

西门位于运山城西北部，依山而建，一侧靠山体，一侧临陡坡。经纬度坐标为 N30°59′31.83″、E106°26′39.32″，海拔 562 米，城门朝向约为南偏西 80°。西门城门已被拆毁，确切位置已不详，仅能估测其大体方位和海拔①。由于开山修路，西门附近地貌改变较大。据当地居民回忆，西门原为拱顶，形制与东门类似，其旁边还有长约数十米的城墙。1970 年因修建公路，西门及《杨大渊修建运山城记》（即“移治碑”）完全被毁，附近的城墙也大部被

① 该地区 20 世纪 70 年代修筑微波站配套公路时，西门城门已被损毁，根据当地村民回忆，估测出其海拔和城门朝向。

毁，仅少量残余。

3. 北门（檬子垭城门）

北门又称檬子垭城门，位于运山城北部内外城防线的交汇处。经纬度坐标为 N30°59′45.25″、E106°26′51.04″，海拔 497 米。该城门修建于运山城北部山脊之上，现已垮塌。城门后方为一道狭窄的山脊，仅可供一人通过，城门前方沿山脊开有石阶小道一条，是通往营山的重要通道，北门东西两侧均为悬崖峭壁，是扼守运山城北侧的重要关隘。20 世纪 60 年代，运山城上开山取石，北门亦因此被毁①。

在北门区域地表下约 30 厘米深的土层中发现有大量打磨光滑的石块，应当为原先修筑城门的残损构件。在城门位置还发现疑似城墙的痕迹，但保存极少。北门曾是营山通往运山城的必经之路，但北门入城道路由于自然原因已经垮塌多年，现已无法与城内直接相通。

出北门沿石阶小道下行 50 余米，有一个人工垒砌的平台，长约 13 米，高约 3 米，平台由方形石块砌筑而成。据当地村民介绍，此平台是当时为了方便盐路上挑盐者休息而建。我们推测，该平台的修建原因应与防御有关，可能是炮台、观察哨之类。见图 5-17。

以上三道城门同南敌台大致据守运山城内城的东、西、南、北四大区域。由于运山城呈现出西南高、东北低的趋势，所以除北门之外，东、西二门及南敌台的海拔均在 550 米以上。这三道城门和南敌台与山顶部的悬崖峭壁构成了运山城内层防御体系，可以说是运山城上防御体系的核心，也是最后一道防线，而且还是运山城遗址内生活生产设施和军事设施最为集中的区域。

---

① 北门为第二次实地考查时，由当地村民姚茂生带领对实地进行测量获得数据，形制也为姚茂生回忆描述。

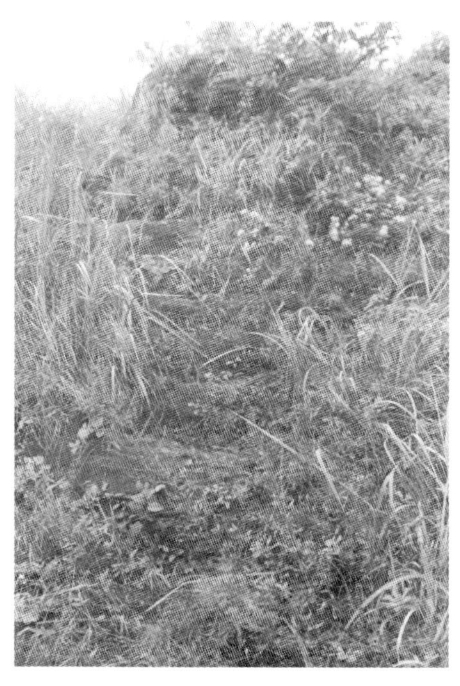

图 5-17　北门遗址

4. 姚家沟城门

姚家沟城门在 20 世纪 60 年代修建上山公路时被毁。根据当地居民描述，此城门原为平顶型城门。经纬度坐标为 N30°59′35. 09″、E106°26′37. 56″，海拔 501 米。城门左侧崖壁顶端现存部分城墙，残长 3~4 米，城墙石较为规整。城墙顶部有一处宽约 6 米、长约 9 米的平台，平台上有一长约 90 厘米、宽约 80 厘米、深约 40 厘米较为规则的用石块砌筑而成的长方形石坑，具体用途待考。推测该段城墙一直向北延伸到北门处，是运山城外层防线的重要组成部分。遗憾的是这段城墙现几乎完全垮塌，只剩点点残迹了。见图 5-18。

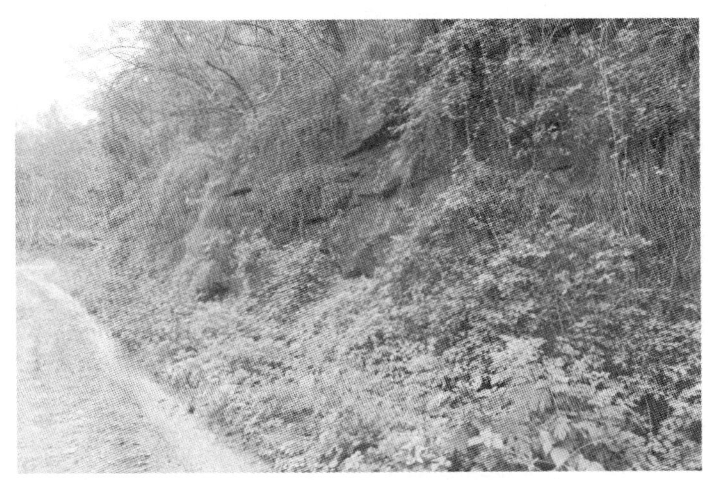

图 5-18 姚家沟城门遗址

5. 垮城门

垮城门是运山城上海拔最低的一道城门，位于姚家沟城门西南侧的山脊之上，经纬度坐标为 N30°59′31.10″、E106°26′30.64″，海拔 469 米。城门所在山脊原有石阶道路，原本可以骑马上下，内可入城，外可通蓬州等地，是运山城联系外界的重要通道之一。遗憾的是，在 20 世纪六七十年代开山取石和修路时山脊被挖断，现形成高约 10 余米的断崖，垮城门亦同时被毁。

6. 陈家沟城门

陈家沟城门位于垮城门东南侧，城门面朝河舒场镇。经纬度坐标为 N30°59′22.92″、E106°26′33.45″，海拔 501 米。城门在 20 世纪 70 年代采石时被毁，仅存门道及石梯步道。门道宽约 3 米，现存 16 阶石阶，石阶长约 170 厘米、宽约 30 厘米、高约 20 厘米。在该区域发现部分经过加工的条石，其形制大体相同，为长约 40 厘米、宽约 37 厘米、厚约 40 厘米的方形石块，打磨较为精细。陈家沟城门左侧为运山城对外的另一条重要通道——鸡公岭，陈家沟城门与唐家沟一号城门分守鸡公岭山脊两侧，城门至鸡公岭段至今保留石板小路一条，保存基本完好。见图 5-19。

图 5-19　陈家沟城门遗址

7. 唐家沟一号城门

唐家沟一号城门位于鸡公岭东侧，经纬度坐标为 N30°59′19.16″、E106°26′36.79″，海拔 487 米。城门已垮塌，仅可见门道残迹。城门左右现存城墙遗迹长约 120 米，整体保存较好，除城门处有缺口外，其他各处均相连接，构成一道完整的防线。在唐家沟一号城门上方土层中发现大量瓦砾陶片。见图 5-20。

8. 唐家沟二号城门

唐家沟二号城门位于一号城门东北侧，背靠东门崖壁，是东门外侧重要的防御要素之一。经纬度坐标为 N30°59′21.42″、E106°26′48.36″，海拔 498 米。此城门已垮塌，仅存门道及部分城墙，保存状况堪忧。唐家沟一号城门至唐家沟二号城门之间沿山腰分布有一条险峻的小路，基本上沿城墙及断崖延伸。见图 5-21。

图 5-20 唐家沟一号城门遗址

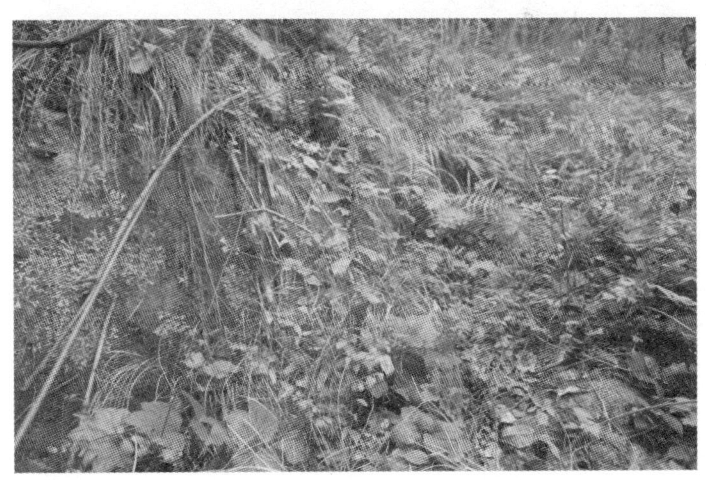

图 5-21 唐家沟二号城门遗址

9. 唐家沟三号城门

唐家沟三号城门位于鹅颈项南侧，经纬度坐标 N30°59′20.22″、

E106°26′58.60″，海拔 511 米。从所处位置关系看，唐家沟三号城门与黄家沟城门均位于外城东西向城墙与南北向城墙的交汇处，同属东门区域防御体系的重要组成部分。唐家沟三号城门损毁严重，原貌不再，仅左右两段城墙保存状况稍好。见图 5-22。

图 5-22　唐家沟三号城门遗址

10. 鹅颈项城门

鹅颈项城门位于鹅颈项山脊外端，经纬度坐标大致为 N30°59′20.74″、E106°26′58.56″①，海拔 527 米。城门因取石被毁，加之附近山体有所垮塌，草木繁盛，当地人也无法确定城门具体位置，有待今后考古发掘工作的确定。该城门是运山城上位置最靠东的城门，位于一道十分陡峭的山脊外端，当地人称之为“鹅颈项”。这种山脊在巴蜀地区其他的山城中十分常见，比如合川钓鱼城上的薄刀岭和万州天生城上的鹅公包。山脊两侧均为悬崖峭壁，山脊顶部

① 鹅颈项寨门损毁严重，已无法到达原城门所在位置，数据为当地居民大致推测位置测量。

只有一条可供人员通行的狭窄道路，犹如薄刀立于山中。于该位置修建城门，有两方面的好处。一方面易守难攻，可以充分利用地形优势打击敌人；另一方面即使在城门失守的情况下，敌军亦不易迅速向前推进，而且不利于辎重或马匹通行，可为下一道防线争取时间，从而较好地起到缓兵作用。

11. 黄家沟城门

黄家沟城门位于鹅颈项北部，经纬度坐标为 N30°59′20.90″、E106°26′59.60″，海拔 500 米，门口朝向北偏东 85°。该城门损毁严重，顶部已全部垮塌，但难得的是，门道及城门右壁保存基本完好，尚能清楚展现城门的构造及朝向。相对而言，黄家沟城门是运山城上除东门之外保存较好的城门。门道宽约 220 厘米、进深 230 厘米、残高 150 厘米。城门右侧有一浅小的土地龛，残高约 87 厘米、宽 32 厘米、深约 6 厘米。城门右壁为自然岩石上开凿而成，在城门右壁上发现有圆形孔洞，直径约 12 厘米、深 30 厘米。从残存遗迹看，黄家沟城门原本应为平顶型城门。

（四）敌台

敌台是指建造于城墙之上，并且位置突出于城墙外侧，形成一个可以用来防御攻城之敌的高台，台上之楼称敌楼。南宋陈规《守城录》中关于敌台的描述指出："城角上皆有敌楼"[①]，而在运山城上的"宝祐纪功碑"中也有"拓旧址而崇之，架楼橹其上"的表述，可见敌楼无论是在平原地区的城墙上还是在山势险峻的寨堡中都发挥着重要的作用。与此同时，陈规也提出了旧制所建敌楼的弊端：因为高出城墙外，十分容易成为敌人进攻的目标，敌楼的目标越大，损失也越大。为此，陈规提出以高墙代替敌楼的建议。不过在巴蜀地区的古寨堡中，却发现大量的敌台遗迹，可见陈规的建议

① （宋）陈规：《守城录》卷 2，清道光瓶花书屋校刊本。

并未在巴蜀地区山城中得到实施。其原因是巴蜀山城大多修建在地势较为险峻且突出的山顶部，敌楼大多修建在视野开阔的突出或转角的岩体上，下方为悬崖峭壁，既能避免来敌攻击，又具有广阔的视野，而且这些便于观察敌情并实施攻击。实地调查中在运山城发现两处敌台遗迹。

1. 东门敌台

东门敌台位于东门左侧上方平台，经纬度坐标为 N30°59′24.00″、E106°26′50.43″，海拔 551 米。此敌台平面略成圆形，面积约 20 平方米。东门城墙延伸至此，与敌台相接。根据周围地形可以断定，东门敌台面朝鹅颈项山脊方向，鹅颈项北侧的黄家沟及唐家沟大部分区域尽收眼底，是运山城东北方向重要的军事观察点。敌台右侧通过城墙与东门相接，左侧为高 10 余米的悬崖峭壁，一直向北延伸至滴水岩附近。虽然该敌台的面积不算大，可容纳进行防御作战的士兵人数不多，但凭借其优越的地理位置，此敌台与东门及东门内外各类防御设施密切配合，能够很好地发挥防御功能。

2. 南敌台

南敌台位于运山顶部西南侧一突出台地上，经纬度坐标为 N30°59′23.46″、E106°26′37.96″，海拔 579 米。此地下临高约 20 米的悬崖，位置较高，视野开阔。① 平台地形大致呈扇形，面积约 30 平方米。地面残存大量板瓦、城墙石及少量锈蚀严重的铁钉等铁制品，未发现陶瓷制品或其他生活遗物。由此可见，南门地区原有建筑，但非生活类场所。根据地形判断，此处当为敌台，敌台上的建

① 在前几次的调查中，根据群众说法，一直将南敌台作为南门所在地。由于道路不通未能到达南门所在的位置，直到 2015 年 11 月 14 日对运山城进行第五次调查时，由于道路得到了疏通，笔者才第一次到达南门地区，确认该处为敌台，并不是所谓“南门”。

筑即是敌楼。《杨大渊修建运山城记》中说杨大渊在淳祐七年(1247 年)“筑大蓬坎之基，三敌楼雄架其上。”南敌楼应当就是杨大渊所建三敌楼之一。

南敌台所在的位置与一般城门明显不同，其所处峭壁分为两层，第一层从站立位置向下约 3 米处，有一面积约 3 平方米的小平台。平台上有一道垂直并突出于峭壁垒筑而成的隔离墙，将南门下方的平台分为两半，隔断了敌人的来袭之路。见图 5-23。

图 5-23　南敌台

三、附属设施遗迹

除城墙、城门、敌台等军事防御设施外，运山城遗址内还保留有一些日常生活、行政、教育等附属设施。这些附属设施是城内军事活动的重要支撑，包括道路、衙署、寺观、塘堰、水井、民居、学校等。由于调查工作本身的局限，在调查中虽发现有多处瓦砾富集区，但无法准确判断其性质，需留待勘探和发掘工作确定。

（一）道路

1. 城内道路

运山城的道路可分为城内道路和城外道路两个系统，城内道路又分内城和外城两部分。

（1）内城道路

内城道路主要有四条：第一条从西门经凤仙寺遗址、天生池畔到东门；第二条从北门经天生池畔到南敌台。这两条道路分别为东西、南北走向，构成了运山城内城交通骨架。第三条从西门经民居院落群到天生池，第四条由南敌台沿山崖到东门。第四条道路应为宋代跑马道的一段，可惜700多年的风雨冲刷掉了其他部分跑马道痕迹。见图5-24、图5-25、图5-26。

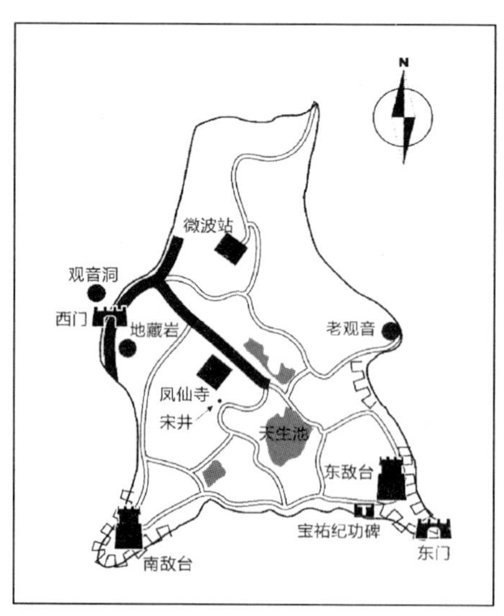

图5-24　运山城内城道路分布示意图

图 5-25　城内道路一段

图 5-26　南敌台通往东门的路

（2）外城道路

从姚家沟城门附近开始，向北沿山腰平台一直可到北门，与内外城交汇处的北门相连接，是整个运山城西北方的一条重要通道；向东南依次经过垮城门、陈家沟城门、唐家沟一号城门、唐家沟二号城门、唐家沟三号城门一直延伸至鹅颈项下方，与鹅颈项相垂直，从而构成了从运山城西南至东南的一条重要通道。该条道路到达鹅颈项后，通过鹅颈项城门附近继续向北，经过黄家沟城门一直延伸至东门下方，从而使该条道路与内城的东门相连接。这些道路以整石上开凿的石阶或铺就的石板路为主，宽度较窄，仅容一人通过。运山城山腰部这条完整的道路两端分别连接北门和东门，沿途又将外城的多座城门相串联，起到了内外结合的作用。如此一来，外城之间的几座城门可以互通，同时部分小路还可联通内城，方便调动兵力，补充弱点。即便最终外城陷落也可沿该道路收缩至内城，仍然能够坚守城池不失。见图 5-27。

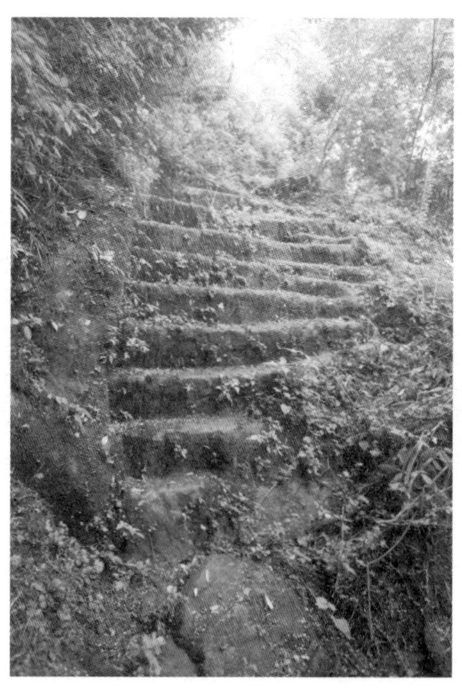

图 5-27　西门外下山道路

2. 城外道路

运山城遗址与外界交通的道路主要有四条，集中在四条山脊上。第一道山脊为北门所在的檬子垭山脊，向北通向蓬州和营山方向，这条道路曾为盐道。第二道山脊为垮城门所在山脊，向西可至嘉陵江和蓬州旧治。第三道山脊为鸡公岭，向西南可通往河舒场，从而上可达蓬州、下可至顺庆。第四道山脊为鹅颈项，这条向东南的道路可通达广安、岳池。

（二）水源

运山城上现存4个塘堰、1口水井，均有蓄水，至今仍在发挥作用。西门《杨大渊修建运山城记》曾提到“凿开四水池”。上述四个塘堰或许就是碑文中的“四水池”，至少部分为杨大渊率兵开凿①。水井形制亦与富顺虎头城白鹤井、金堂云顶城金钵井等宋代水井相同，当为宋代水井无疑。

1. 堰塘

（1）天生池

天生池位于运山山顶中部，经纬度坐标为N30°59′27.53″、E106°26′45.81″，海拔557米。水塘略呈长方形，最宽处约52米，最长处59米，面积2 000余平方米。据雍正《四川通志》中记载：“天生池，在县西，《寰宇记》：披衣山。云山寺中有池，去嘉陵江三十里，江水或浅，其池亦浅；江水或涨，其池亦涨，号天生池。”天生池常年不竭，是运山城上最重要的水源，南宋抗蒙时期曾因池水不枯而护佑一方。明清乱局中，避祸于此的蓬州人民也是依靠此池中的水源得以保全。

---

① 光绪《蓬州志》卷3《纪川篇》有这样的记载：“……金子山、燕山寨、卢家嘴……各池塘一”。这个记载有两个可能，一是除天生池之外，运山城上其他的水塘均为清光绪年间之后所建。二是天生池名气远在其他几个塘堰之上，故只举天生池。

天生池周边存在人工开凿和修建的痕迹，池塘四周除东侧为天然岩石外，其他三面均有人工加筑的痕迹，应开凿于宋代。见图 5-28。

图 5-28　天生池

（2）天生池西北侧堰塘

此堰塘面积略小于天生池，周边分布有大量民居。经纬度坐标为N30°59′28. 77″、E106°26′45. 45″，海拔 555 米。池塘东西最宽处约 24 米、最窄处约 5 米，南北长约 63 米，呈“L”形分布，面积约 850 平方米。见图 5-29。

（3）南敌台附近堰塘

此堰塘位于运山城南敌台东北 95 米，经纬度坐标为 N30°59′25. 23″、E106°26′42. 10″，海拔 565 米，面积较小，约 525 平方米，现有水塘为 20 世纪 60 年代修成。

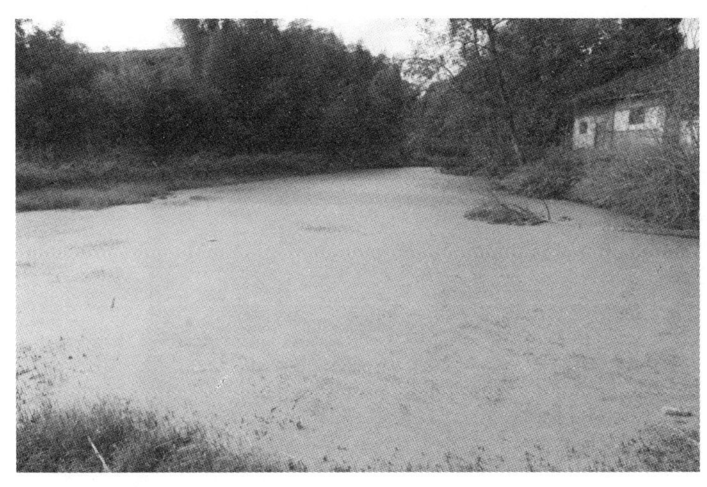

图 5-29 天生池西北侧池塘

（4）微波站附近水塘

此水塘位于微波站东北约 85 米处。经纬度坐标为 N30°59′36. 55″、E106°26′44. 68″，海拔 500 米，明显为人工开凿，面积较小，约 30 平方米。

运山城上的塘堰能够常年有水而不枯竭，主要原因和山体地质结构有关。四川地区特有的砂质岩石具有较好的蓄水性，使得雨水能够长时间储存，从而保证了山上居民的生产生活所需用水。

2. 水井

运山城上除了有大面积的塘堰之外，还发现有宋井一口，该井位于天生池西侧，经纬度坐标为 N30°59′27. 54″、E106°26′42. 58″。井口为圆形，直径 130 厘米，井深 230 厘米（底有淤泥，实际深度当不止此），井内由大块条石垒筑而成，呈六边形。这座古井具有典型的宋代特征，至今仍在使用。见图 5-30。

图 5-30　宋代水井

四、其他遗迹

除与军事直接或间接相关的遗迹外，运山城上尚存其他遗迹多种，包括洞窟、龛窟、碑刻、墓葬、古建筑等。

（一）洞窟

1. 观音洞

观音洞位于西门外崖壁上，经纬度坐标为 N30°59′31.72″、E106°26′38.50″，海拔 556 米，洞口朝向为南偏西 40°。该洞是利用天然凹进空间改建而成，前壁有人工砌筑的石质护墙和长方形石门，是一个自然与人工建筑相结合的洞窟。因洞内凿有石龛、观音像等，故名“观音洞”。观音洞平面为不规则长方形，靠近洞门处宽 440 厘米，越往里走洞内越窄，最窄处仅 120 厘米，通长 13 米，洞内面积约 40 平方米。洞口护墙采用顺砌筑法，以长 92 厘米、宽

28 厘米、高 24 厘米的长方形城墙石砌筑而成。护墙上留有 6 个大小不一的方形采光口，大者长 45 厘米、宽 32 厘米、深 24 厘米；小者长 24 厘米、宽 24 厘米、深 24 厘米。

观音洞洞门通高 170 厘米、通宽 165 厘米，门洞高 128 厘米、宽 87 厘米；洞门顶部砌筑有长方形石质门楣，长 170 厘米、宽 22 厘米、厚 37 厘米。门楣上刻有四字，被凿毁，现已无法辨识。文字两侧刻有如意纹雕花图案。洞门两侧有门柱，左侧门柱高 123 厘米、宽 25 厘米、厚 18 厘米，右侧门柱高 125 厘米、宽 20 厘米、厚 20 厘米。两侧门柱上均刻有文字，左右各 5 个，字径 10~15 厘米，被凿毁，现已无法辨认。

观音洞内遗迹遗物丰富，现存造像龛 1 处、题刻 2 幅。根据洞内现存题刻记载及护墙形制判定，观音洞大约改建于明清时期。此洞位于运山城西侧，洞口隐蔽，地势险要，可以清楚观测西、北方向敌情，洞外石墙上的采光口，一方面可以增加洞内光照，另一方面可起到瞭望作用，方便洞内侦察敌情。见图 5-31、图 5-32。

图 5-31　观音洞外

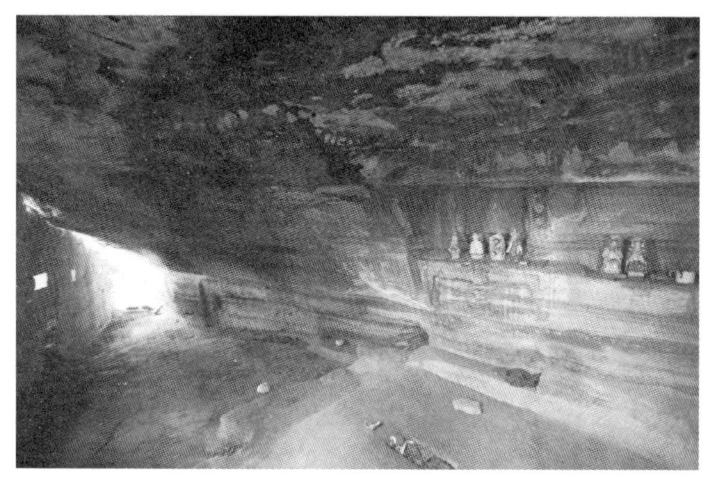

图 5-32　观音洞内

2017 年 4 月 14 日调查发现，观音洞后部崖壁已经有较大面积垮塌，护墙亦垮塌大半，幸未对龛窟、题刻造成破坏。

2. 清平庙洞窟

清平庙洞窟位于东门“宝祐纪功碑”右侧约 20 米处天然岩厦内，经纬度坐标为 N30°59′25. 78″、E106°26′47. 81″，海拔 535 米。整个洞窟宽约 15 米、深 260 厘米、高 450 厘米。洞窟平台地面外沿可见两个柱窝，直径约 32 厘米、深约 45 厘米。根据柱窝等遗迹分布的特点，推测洞窟外部原本有建筑。洞窟正中有龛窟一处，内新塑文殊、普贤及观音像各一尊，洞窟左壁有清道光十三年题刻和石灶等生活遗迹。综合来看，此洞窟亦可能曾作为当地民众避乱躲祸之场所，其开凿年代为清代中后期，很可能在道光年间。见图 5-33、图 5-34、图 5-35。

图 5-33 清平庙局部

图 5-34 清平庙生活遗迹

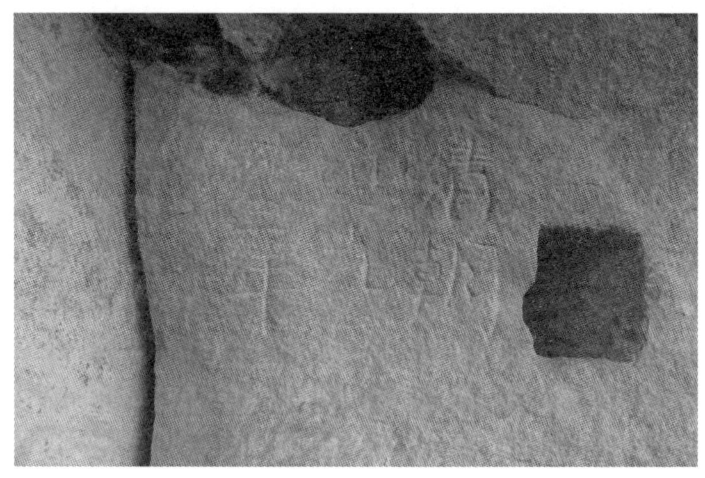

图 5-35　道光年题刻

（二）龛窟

运山城遗址内共发现 7 处 8 龛，编号为 K1～K8。

1. 观音洞观音龛（K1）

观音洞观音龛位于观音洞内，经纬度坐标为 N30°59′31.72″、E106°26′38.50″，海拔 556 米。整龛呈矩形敞口，龛口朝向为北偏西 70°。龛宽 67 厘米、深 25 厘米、高 60 厘米。龛内主尊为观音坐像，圆形头光，头光直径约 20 厘米。观音像结跏趺坐于莲花座上，通高 50 厘米，座高 14 厘米、宽 27 厘米。莲花座前，装饰有水波纹。观音造像左右雕刻善财、龙女立像。其中左侧为善财童子，高 33 厘米。右侧为龙女像，高 38 厘米。龛外两侧有对联一副，右联高 58 厘米、宽 14 厘米，左联高 58 厘米、宽 13 厘米，其损毁严重，字迹难辨。据《中国文物地图集・四川分册》记载，对联原文应为“悟尽世界立（右），心存咸无碑（左）”。观音龛前顶部石壁凿有一圆形藻井，直径 26 厘米，顶部距离地面 185 厘米。见图 5-36。

图 5-36　观音洞观音龛

2. 地藏菩萨龛（K2）

地藏菩萨龛位于西门附近崖壁上，临近观音洞，当地人称“地藏岩”。经纬度坐标为 N30°59′29.48″、E106°26′38.11″，海拔 562 米，龛朝向为南偏西 80°。

龛为方形单层龛，宽 320 厘米、高 170 厘米、深 80 厘米，龛楣正中有匾额，高 80 厘米、宽 190 厘米，从右向左刻有“慈光普照”四字，剥蚀较为严重。文字周围刻有双勾图案，显得古朴、庄重。匾额两侧雕刻“喜上眉梢”图案，生动活泼。龛门两侧装饰有直径约 20 厘米的圆形石柱，上刻缠枝花纹，与龛融为一体，增强了整龛的立体感。

龛内雕刻三尊造像，均为坐像，且被今人改造妆彩，原貌不存。主尊居中，为地藏菩萨像，结跏趺坐于束腰仰覆莲座上，通高 95 厘米；像高 65 厘米、头长 19 厘米、肩宽 32 厘米；莲座高 30 厘米、宽 40 厘米、厚 30 厘米。造像后刻尖桃形双重背光，通高 95 厘米、宽 55 厘米。

左像通高95厘米，结跏趺坐式，像高65厘米，座高25厘米、长50厘米、宽28厘米。造像肩宽25厘米、两膝间宽40厘米、头长23厘米，圆形头光，直径约45厘米。

右像通高93厘米，结善跏趺坐于长方形座上，像高70厘米，座高30厘米、长60厘米、宽27厘米。肩宽30厘米、两膝间宽40厘米、头长25厘米（含冠），头部后刻有圆形头光，直径约40厘米。见图5-37。

图5-37　地藏龛全貌

龛外左右均有刻字，属同一幅题刻（T14），两侧题刻均高约170厘米、宽127厘米，风化剥蚀较为严重，但基本可识。题刻为“创修地藏岩志”，记载了地藏龛开龛时间及捐资功德等信息。

3. 老观音龛（K3～K4）

老观音龛位于山顶部东侧崖壁上，靠近滴水岩。经纬度坐标为N30°59′30.55″、E106°26′49.80″，海拔558米，龛口朝向南偏东45°。此龛形制为双层佛帐形龛，通高320厘米、通宽300厘米、深150厘米；内龛高150厘米、宽260厘米、深88厘米。龛顶部为双层佛帐，上层长约 300 厘米、高 30 厘米，分为 3 部分，雕刻有缠枝纹、莲花纹，中间部分雕刻有高约 30 厘米的坐佛一尊；下层长约 260 厘米、高 23 厘米，分为五部分，依次雕刻蕉叶纹、莲花纹、卷草纹三种图案；内龛两侧各有高 25 厘米、宽 37 厘米的长方形台，龛内刻有造像一尊，现已损毁，仅见造像轮廓及舟形背光。背光通高 105 厘米，最宽处 80 厘米；头光为圆形，直径 30 厘米；造像为坐式，通高 70 厘米，肩宽 40 厘米。

K4 位于 K3 左侧下方，为长方形龛，宽 250 厘米、高 150 厘米、深 150 厘米，现已损毁，龛内造像不存，龛顶上方开凿有引水槽。此龛应当为老观音龛同一时期开凿。

K3 左侧有一幅题记（T7），题记残损较厉害，其中提及“甲申”年前这里“避兵者烦集”，我们认为，此甲申年当为清顺治元年（1644 年）。从 K3 的雕凿风格看，带有明显的明清时期特点，故推测此题刻或为造像题记，而 K3 的年代则为明清之际，可能为顺治元年。见图 5-38。

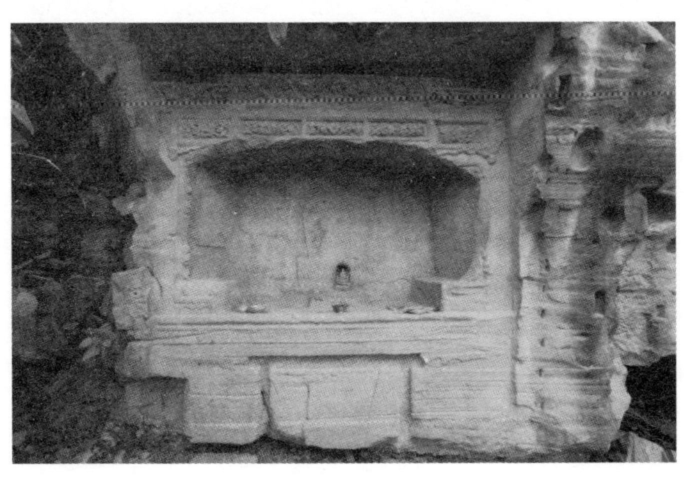

图 5-38 老观音龛

4. 清平庙观音龛（K5）

清平庙观音龛位于“宝祐纪功碑”右侧约 20 米处悬崖的凹形岩厦内，经纬度坐标为 N30°59′25. 78″、E106°26′47. 81″，海拔 535 米。整个岩厦宽约 1 500 厘米、深 260 厘米、高 450 厘米。观音龛位于岩厦正中，利用岩石中的开裂口而建，宽约 270 厘米、深约 120 厘米、高 190 厘米，龛内原本造像已毁，现存新塑造像三尊，居中为普贤、左右为文殊、观音。龛前有五级石刻台阶，刻有斜纹。此外，清平庙主龛西侧崖壁上，可见另一长方形空龛，高约 115 厘米、深 40 厘米、宽 221 厘米，距地约 200 厘米，龛内无造像或题刻。

此外，清平庙崖壁顶端上，可见大量人为开凿的长方形孔洞。根据清平庙周围环境来看，可能曾作为当地百姓避乱暂居之所。见图 5-39。

图 5-39　清平庙龛

5. 东门土地龛（K6）

此龛位于东门内侧约 10 米处崖壁上，为长方形双层龛。龛口朝向为南偏西 32°。外龛宽 86 厘米、高 111 厘米、深 18 厘米，龛楣刻“威灵感应”四字，字径 5～10 厘米，龛沿左右分刻题联，右为“先恭土地神”五字，字径 5～8 厘米，左侧字迹剥蚀严重，已不可识。内龛高 68 厘米、宽 70 厘米、深 12 厘米，龛楣处刻有“保障一方”四字，字径 5～10 厘米。龛内刻有土地公、土地婆造像两尊，左像土地公高 60 厘米、肩宽 20 厘米，右像土地婆高 60 厘米、肩宽 18 厘米。根据龛窟形制及造像风格判定，此处土地龛应为清代中后期所凿。根据调查，巴蜀地区现存的大量清代寨堡中，城门附近大多开凿土地神龛，取“凭神保佑”之意，属于城寨精神防御的重要内容。见图 5-40。

图 5-40　东门土地龛

6. 黄家沟城门土地龛（K7）

黄家沟土地龛位于黄家沟城门右侧 1 米处，经纬度坐标为

N30°59′20.89″、E106°26′59.62″，海拔501米。龛宽80厘米、残高65厘米、深10厘米，整龛下半部分被埋入土中。龛内造像两尊，为土地公、土地婆造像，左像肩宽12厘米、高约46厘米，头部戴有官帽，官帽两侧插有帽翅；右像损毁情况严重，仅可见造像轮廓，大部分被埋入土中。根据龛窟形制及造像风格来看，此龛年代与东门内侧土地龛相差不多，约为清代中后期开凿。见图5-41。

图5-41 黄家沟城门土地龛

7. 山顶部土地龛（K8）

该龛位于山顶部天生池西北侧，经纬度坐标为N30°59′28.89″、E106°26′45.87″，海拔554米。龛高约70厘米、宽约80厘米，龛内原造像一尊，损毁严重，仅见轮廓。与其他两处土地龛形制大致相同，时代亦相差不远。见图5-42。

图 5-42　山顶部土地龛

（三）题刻

运山城上现存大量摩崖题刻及碑刻，主要分布在东门、西门及老观音龛附近。这些题刻的时代从南宋宝祐年间一直延续至清咸丰年间。不仅时间跨度大，而且内容较丰富，既有宋元时期重要的史实，又有明清时期民间信仰的展示，具有十分重要的历史价值和艺术价值。经过多次的实地调查和走访，运山城内共发现摩崖题刻及碑刻 15 幅。这些题刻尺寸不一，但都记录了丰富的历史信息，通过对这些题刻、碑刻的研究，能够加深我们对运山城历史发展的全面认识。现将运山城现存摩崖题刻、碑刻按区域介绍如下：

1. 东门附近碑刻题记

东门附近是运山城内碑刻题记分布最集中的区域，现存 6 幅，整体保存较好。由北向南依次编号为 T1～T6。

（1）“天外一峰”题刻（T1）

该题刻原本位于东门门额上，2008 年“5・12”汶川地震时，垮落于东门地面内。现存“天外一峰”四个大字，行书，笔画劲健，字径14~28厘米，文字周围波曲纹图案环绕，图案长135厘米、高67厘米。门额顶部刻有纪年信息，内容为“大清咸丰九年三月二十五吉众首事等立”，总长90厘米，字径2~5厘米。见图5-43。

图5-43 “天外一峰”题刻

（2）土地龛造像记（T2）

此题刻位于东门内土地龛右侧160厘米处，呈长方形，高50厘米、宽178厘米，摩崖，楷书，字径2~3厘米。现存46列，每列字数不等。除文首叙述造像经过并发愿外，后文在壁面从上到下分三部分，内容依次为身份（如会首、军功、住持等）、人名、出钱数。风化剥蚀较为严重，但基本可以识读。全文内容如下：

□□□灵人杰……土（?）……愿其……修立圣像以保……安然无故……□□总会首韩登金、唐汝贤、郑邦令、韩登魁、□□济，□生、彭士□、彭士□、□采邑，□生唐大升、□□琢、□□□、唐大□、□□□、□□□、晏江、□□□、□□□、□□□，□□□、□□□，军功向毓秀、周□岐、韩登□、彭士坤各出钱二百文。郑邦明、王士祯、唐元升、张永亨、郑采萌、唐铭、唐元举、唐兆□、唐大胜、住持僧宽（?）先、悲兴，总管彭士秀、雷起瑞，军功唐□□，军功黎书魁、唐□玉……各出钱二百文。

此题刻无纪年，但题刻中的晏江（可能还有彭士坤及彭士□等）名在 T5 也有出现，T5 的时间为嘉庆八年（1803 年），T2 也应相去不远，属于清代无疑。从内容判断，此题刻当为东门内土地龛的造像记。见图 5-44。

图 5-44 土地龛造像记

（3）东门无字碑（T3）

此碑位于 T2 右侧 90 厘米处，朝向南偏西 12°，残高 135 厘米、宽 100 厘米、深 5 厘米。破“四旧”时期被人为凿损，石碑上的内容已被凿去，现在已无法辨认，仅存半圆形碑首。

（4）咸丰辛酉碑（T4）

此碑刻位于 T2 右侧 251 厘米，朝向南偏西 9°，形制为矩形竖向碑，通高 93 厘米、宽 69 厘米，摩崖，楷书，共计 12 列，字径

2~5 厘米。咸丰辛酉年为公元 1861 年。本题刻残缺文字较多，但内容大体清楚。全文内容如下：

……修路□□□□□□□□」……余□□□□□□□□」……一健独任□□□□□□□」……栏干梯路一□□□□□深」……人之乐善更深幸□□□□□之」……石志之以为□之□□□之□」……廪生程致和撰唐□□书」……首事唐一健捐出钱四千六百卅文」……寨（?）□□□□捐出钱一千文」……国学唐联□捐出钱四千六百卅文」……共拾千零二百六十文」大清咸丰辛酉年六月十九日」穀吉立」

图 5-45 咸丰辛酉碑

该碑为修路功德碑，记载了当时三家共同筹资修建东门外道路之事。见图 5-45。

（5）补修路碑（T5）

此碑位于 T4 右侧 92 厘米处，竖长方形，朝向南偏西 3°，该碑通高 158 厘米、宽 92 厘米、厚 2 厘米。碑刻共计 18 列，字径在 2~3 厘米。碑文从上至下分三部分，每部分三行，三行内容分别为身份（如会首、国学）、姓名、捐钱银数。碑文内容如下：

补修路碑」会首韩登奎、康学莲、杨坤玉、李文秀，信□程英

□、黄中贵、唐大财、唐大旺、唐大胜，国学唐大昊、唐大恺、晏文浚，廪生晏长□、黄中富、郑檠、彭生秀，士康学秀各出银一分五。韩地王、韩光王、韩登天、韩登□、韩登位、韩国□、韩国□、各出钱一百文。康学治、康学德、康学仁、康学安、康应坤、康应□、程□□各出良（银）一分二钱五厘。康仁□、彭士□、唐五□、唐自来、唐自仁、唐□王、唐□□各五匹（?）布，康应□、康应□、康应□、康应□、康学汉、康学达、彭士□、彭士□、彭为邦各出良（银）五两。□大健、肖显□、胡□□……会首晏江，同缘张氏施银一两六钱□□。皇清嘉庆八年孟春月念贰吉。

根据碑文内容判断，此碑为嘉庆八年（1803年）当地群众捐资补修东门一带道路的功德记。见图 5-46。

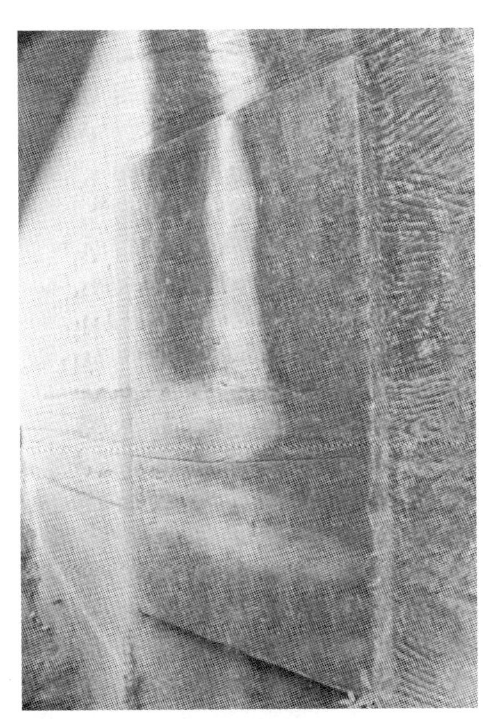

图 5-46 补修路碑

（6）宝祐纪功碑（T6）

宝祐纪功碑位于补修路碑右侧，宽 375 厘米，高 270 厘米，碑刻朝向为南偏西 30°。见图 5-47。

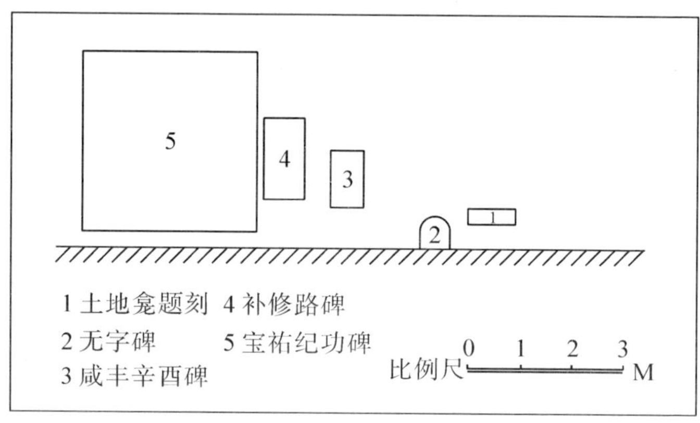

图 5-47 东门地区题刻分布示意图

该碑为摩崖楷书，共计 19 行，每行 8～16 字不等，共 278 字，字径 8～15 厘米。宝祐纪功碑是运山城内面积最大、价值最高的一幅摩崖题刻，主要记载了宝祐三年（1255 年）蒙军试图攻打运山城及蓬州守将张大悦加固东门城防的史实（见图 5-48、图 5-49）。碑文内容如下：

宝祐甲寅秋八月，今」制使西清蒲公檄：三泉张侯大悦摄蓬郡，」民安其政。越明年夏，值鞑侵入，伺东城门」弥旬，意叵测。侯不恃险而忽备，惟整静以」待之。竟不果犯，引去。」宪漕开国施公目击其事，器侯为能，请于」宣制梱以正辟闻于」朝。秋，梱令调兵增戍。侯会诸头目，议峻」东门之险，屯戍部辖袁昇、廖友兴、黄拱、蒲」叔洪，并本部蔡世隆、牛国才、冉雄飞等咸」欣然曰诺。遂以八月涓吉简工，役食制廪，」凿崖通道，辟重门，拓旧址而崇之，架楼橹」其上。阖城文武官吏士民与相其役，三□」月而成。洎冬涉春，哨骑再来则不敢轻也。」是役也，备胜势，折虏谋。佥谓侯之功□□，」然书功非侯意也。岁丙辰夏，仆以□□□」抵郡，顾瞻营缮，气象一新。因谕□□□□」段劳绩，宜磨坚珉，师言允谐，用□□□。」宝祐四年八月吉日，从政郎利路□□□□。」

图 5-48 宝祐纪功碑全貌

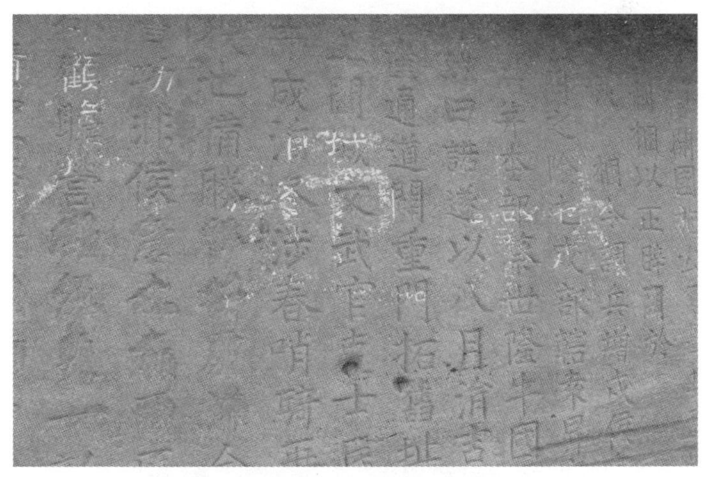

图 5-49 宝祐纪功碑局部

2. 老观音龛附近题刻

老观音龛附近现存题刻 4 幅，分别编号为 T7~T10。

(1) 甲申年题刻（T7）

此题刻位于老观音外龛左侧，高约 60 厘米、宽约 40 厘米，摩崖，楷书，字径 2~3 厘米。该题刻风化剥蚀严重，仅部分内容可识（见图 5-50）。全文内容如下：

修静□记」异如□□……」避兵者烦集……」□自云山……」他方行脚……」□庄严奉　观……」越（?）甲申年春月……」事略叙颠末……」□期（?）行传……」□人摩岩诗（?）……」……」

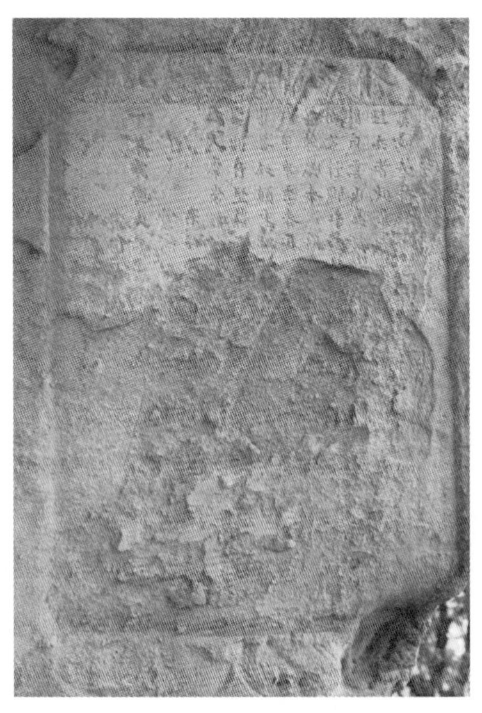

图 5-50　老观音内甲申年题刻

根据残存内容判定，此题刻记录了清顺治元年（1644 年）百姓聚集云山避兵乱之事，具有重要的史料价值。

（2）“灵□岩”题刻（T8）

此题刻位于老观音外龛右侧，其位置原本应与左侧 T7 相对称，形制与左侧 T7 相似。由于老观音右侧外龛岩体脱落，此题刻亦随岩体垮落于龛前。在垮落的外龛上可见 T8 碑首，上任刻有“灵□岩”等字。T8 高约 60 厘米、宽约 38 厘米。此题刻正文剥蚀严重，不可识读。见图 5-51。

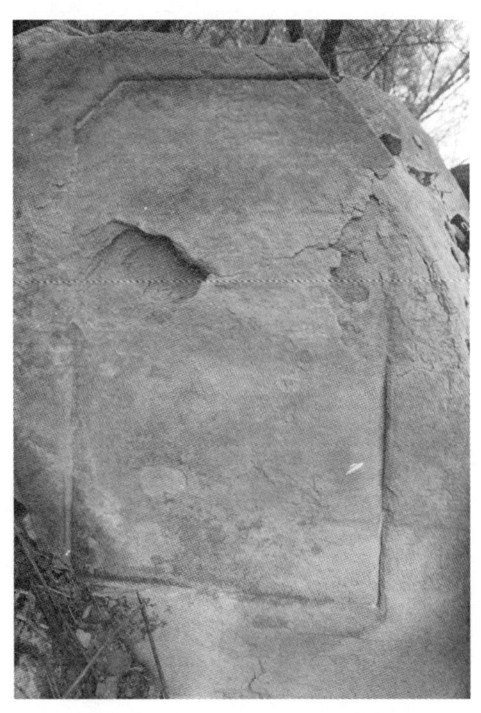

图 5-51 “灵□岩”题刻

（3）T9

T9 位于老观音内龛右侧龛壁上，高 56 厘米、宽 45 厘米，为圭首形题刻，题刻因风化和人为破坏已无法辨认。见图 5-52。

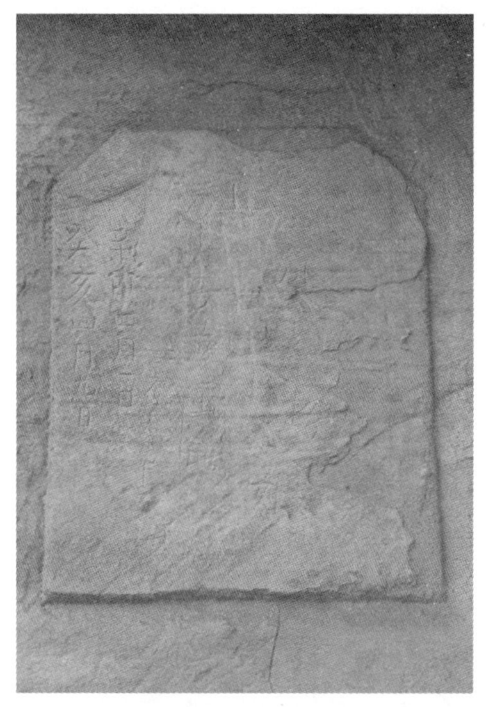

图 5-52　老观音龛内右侧题刻

（4）黄中福等造房题记（T10）

T10 位于老观音龛左侧崖壁上，圭形碑首，摩崖，楷书，高 50 厘米、宽 40 厘米（见图 5-53），内容如下：

黄中福等所」造石洞周围」栏杆房子，共用钱六十串文。

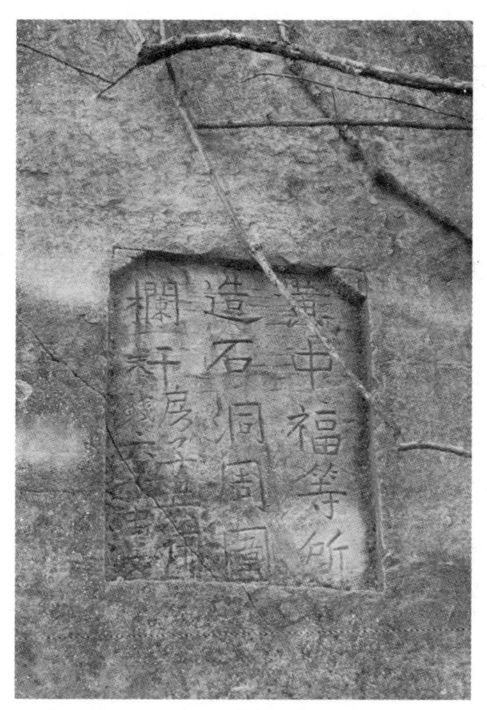

图 5-53　黄中福等造房题记

3. 西门附近碑刻题记

西门附近现存碑刻题记 5 幅，主要分布于观音洞内和地藏龛左右。其中观音洞题刻分别编号为 T11 ~ T13，地藏龛题刻编号为 T14。“杨大渊修建运山城记”虽然已经不存，但虑及其重要价值，亦录文于后。

（1）观音龛造像记（T11）

此题刻位于观音龛右侧石壁上，摩崖，楷书，平面呈不规则梯形，高 24 厘米、上部宽 90 厘米、下部宽 43 厘米，共计 26 行，字径 1~3 厘米。保存较好，基本可以识读，全文内容如下：

长戒匠师金伍秀刊。」盖闻夫天道不言而降灾祥，在德此感」应之，不容诬也。欲为终身永远计者，」当以明心处世，借此方便行为，一念」百神归仰。余系湖楚人氏，本里廖」家沟生长。受明人指点，年将四八，素」性斋戒，略存来世津梁。」新主禅位，远民人反，兵革四兴，寄此十里」途程。远观遥望，可避隐身，而径达此地，然」我德之不修，而徒责效于风水，何益？命工」鸠凿大洞，上刊」观音菩萨、金童玉女圣像，前照蓬山翠锦，」后应凤仙神祧；左接庚申皓气，右」塞壬癸妖氛。已费四十余金，欲思求滕」公之居，心想积叔敖之德，未尝求君。及」其当与，想是天造地设，神钦鬼伏，培」补之要，天时因之阻。今」皇恩覆被，天下太平，挽回故土，享」清平人世，受年丰之稔。山生空」洞人不识，垂鉴妙计令人忆。」刊名今日于岩隅，表此」时之通弊也。」萧曾氏同修彼岸。」大清嘉庆十」四年仲春月初九日立。

根据内容可知为观音龛开龛造像记。此题刻保存完好，文辞畅达，详细记录了观音洞、观音龛开凿之由。嘉庆初年，白莲教起义波及运山城一带，题刻主人（或名金伍秀）开凿观音洞，并刊刻观音及弟子造像。题刻历史信息丰富，价值突出。见图 5-54。

（2）禅诗 4 首（T12）

此题刻位于观音龛下部石壁上，摩崖，楷书，字体风格与 T11 一致，为同人所书，长 85 厘米、高 35 厘米。题刻上部呈桌案形，装饰有卷草纹图案。该题刻共有 4 首古诗，其中七言绝句 3 首，五言绝句 1 首，共计 107 字，保存基本完好，尚可识读（见图 5-55），全文内容如下：

生死轮回几万遭，」述□不□十分高；」世人若行平等事，」三途地狱苦难熬。」

万两黄金未为贵，」存心正直值多钱；」修行性理天知道，」登仙不受世间磨。」

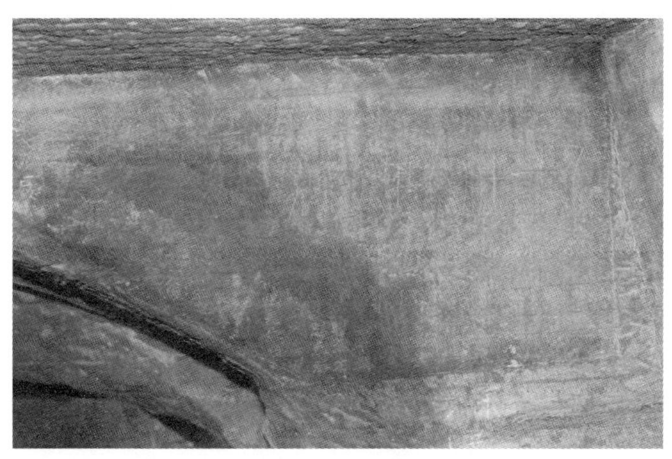

图 5-54 观音龛造像记

图 5-55 观音洞禅诗 4 首题刻

佛在心头莫远求」古今无相内中修;」诸佛这些真消息,」半夜三更见日头。」

圣人有六径,」天地有日月;」日月万古存,」六径终不灭。」录古句。」

总体而言，观音洞内的题刻，大多以歌颂神明、寻求保佑、抒怀明志为主要内容，这些题刻既是对当地民间生活的记录，也是当地民间信仰的体现。

（3）“观音洞”题刻（T13）

此题刻位于观音洞门外左侧约 5 米的巨石上，全文三字，摩崖，楷书。三字为“观音洞”，均刻于直径 32 厘米的圆形内，“观音洞”三字通高 106 厘米，字径在 11～18 厘米。在“观音洞”三字左侧有一长方形无字龛，龛顶部还有三角形龛首。无字龛高 100 厘米、宽 70 厘米、深 5 厘米，通高 140 厘米。

（4）创修地藏岩志（T14）

“创修地藏岩志”题刻位于地藏龛左右两侧，左侧题刻高 170 厘米、宽 127 厘米，右侧题刻高 170 厘米、宽 120 厘米。摩崖，楷书，题刻文字甚多，主要记载了修建地藏菩萨龛的缘由、时间和功德主，碑文剥蚀严重，部分残存。

左侧现存文字如下：

创修地藏岩志。」凤仙古刹也，自山肩西道……」□□□□诸石。越元明以……」□之福民往往求而即……」攻而不破江□后焚祝者……」工开创石壁，建立金龛，塑二……」无分于大小，当与咸十三□并……」之视今也，因而为之志，以□后之好善……」署四川顺庆府蓬州事候补州正堂……」特授四川顺庆府蓬州右堂加……」特授四川顺庆府蓬州驻房□□加三……」会□□蒲崇同缘曹氏捐银陆两……」吴母氏□祥木捐银五两□□□，」彭士秀仝缘唐氏子世贵捐银二两。」晏江……」

以下均为人名和捐钱数。

合议蒲崇同缘曾氏捐银陆两，吴母氏子祥大捐银五两，彭士秀仝缘唐氏子世贵捐银二两，晏江仝缘张氏捐艮（银）一两，程英炆仝缘李氏出艮（银）一两，康学祥子一□捐艮（银）一两，陈正隆同缘谢氏捐银壹两，周子忠同缘李氏捐银壹两，陈懋龄同缘胡氏捐银壹两，韩光玉捐银壹两二钱，康学琏捐银壹两二钱，唐大胜子士学捐银壹两。首信潘高氏子国学宗器捐银壹两，唐黄氏子士玺出良（银）二两，唐雷氏子士珏出良（银）二两，唐大科子士珍八分，康学正出良（银）五分，廪生彭仕鹤出良（银）五分，吴明健出良（银）五分，康学兆出良（银）五分，王福出良（银）六分，廪生吴友忠二分，祝宣猷四分。信士王永武、王世祯、黄通海、唐琏出良（银）五分。祝□□、胡天□、沈正□、黄文□、胡耀先、康一荣、胡中权、陈宗友、黄圣万各出良（银）四分。姚有亨、周子华、张以仁、周沈氏各出良（银）三分。

其下还有大约四五十个人名，各出银三分或二分，字迹模糊，难以辨识，此略。地藏龛右侧题刻内容与左侧题刻相衔接，为捐银一分者百余人，亦略去不录。题刻落款："嘉庆柒年七月十八日吉"。此题刻刻于嘉庆七年（1802 年），叙述开凿地藏龛事迹，罗列捐钱者一二百人。部分人名，如晏江、唐大胜等亦见于东门附近的 T2 和 T5。见图 5-56、图 5-57。

图 5-56 创修地藏岩志（右）

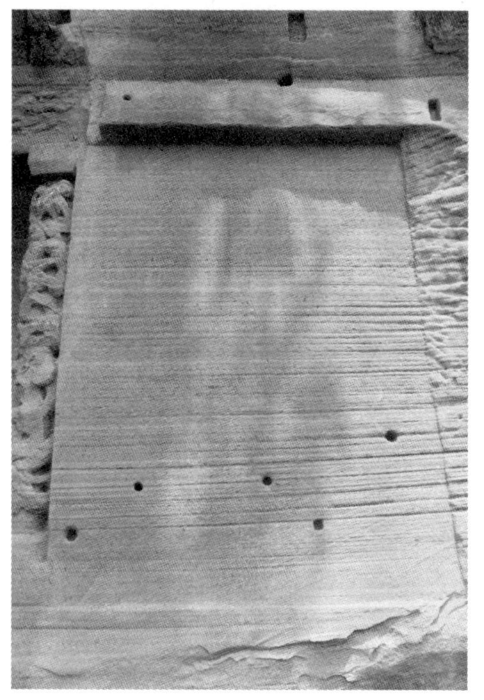

图 5-57 创修地藏岩志（左）

（5）杨大渊修建运山城记①（T15）

该题刻原位于西门处，清光绪《蓬州志》《纪山篇》第二云：“两闉深刻之文今才微泐”②，可见在光绪年间还保存较好。遗憾的是 20 世纪 70 年代修建上山公路之时将西门及周围古迹毁坏殆尽，该题刻也未能幸免，连一张照片都没能留下，殊为遗憾。

明正德《蓬州志》卷七《古迹》以及清光绪《蓬州志》卷十

① 诸多现有研究皆称其为“移治碑”，从题刻内容看，所述乃杨大渊修建运山城之事，并非所谓“移治”，故更名为“杨大渊修建运山城记”。

② 光绪《蓬州志》卷 2《纪山篇》，清光绪二十三年刻本。

五《艺文篇》中记载了此摩崖题刻情况，并有录文，但两者略有差异。清光绪《蓬州志》录文还保留了题刻原格式，可能为实地抄录。正德《蓬州志》录文完整，但较光绪《蓬州志》简略。[①] 光绪《蓬州志》题刻内容稍长，但有不少阙文。按该志记载，题刻凡十六行，第二行六字，第十五行二十二字，末行十三字，余各行十五字。首行阙文七，第三、第六、第七行阙文六，第四行阙文九，第五行阙文八，第八、第九、第十行阙文三，第十一、第十二、第十三、第十四行阙文二，第十五行阙文一，末行阙文五。

结合两种志书，我们试复原题刻内容如下：

淳祐五年乙巳三月吉□奉大阃来守」蓬。越明年夏，拜」宸命特该维兹山城，制置大使尚书」余公躬履相视，经始创建。大渊视事之」初，慨郡治弗称。于是拓公宇，建丽谯，区」别民居，分画市井，增筑城壁，凿开四水」池。自东至南门，西至北门，宏创敌楼，辅」以更楼凡五十余座。明年，筑大蓬坎之基，三敌楼雄架其上。又明年，改辟东门，」悬峭千尺，环城壮势具矣。载念文事当」

① 正德《蓬州志》录题刻全文如下："淳祐五年乙巳三月，奉大阃来守蓬。越明年夏，拜宸命特该维兹山城，制置大使尚书余公躬履相视，经始创建。大渊视事之初，慨郡治弗称。于是拓公宇，建丽谯，区别民居，分画市井，增筑城壁，凿开四水池。自东至南门，西至北门，宏创敌楼，辅以更楼凡五十余座。明年，筑大蓬坎之基，三敌楼雄架其上。又明年，改辟东门，悬峭千尺，环城壮势具矣。载念文事当修，亟起郡学、立孔殿，寺观、神祠咸鼎新之。是役也，皆本郡人上下一力，毫发靡劳于民，期无负任使责成之意。因纪颠末，以诏无穷□。淳祐十一年七月杨大渊书。"光绪《蓬州志》全文如下："淳祐五年乙巳三月吉□本□□□□□□□」蓬。越明年夏，拜」宸命特该维兹山□□，制宜□□□□」余公躬履相视，□□□□□□□□□」初，慨郡治弗称。于□□□□□□□□□」别民居，分画市井，□筑城□□□□□」池。自东至南门，西至□□，宏□□□□」以更楼凡五十余坐。明年，筑大□□□基，三敌楼雄架其上。又明年，改□□□,」悬峭千尺，环城壮势具矣。载念□□□,」修亟起郡学、立孔殿，寺观、神祠咸□□」之。是役也，皆本郡人上下一力，亮□□」劳于民，期无负任使责成之意，因□□」末，以诏无穷云。淳祐十一年辛亥□□」□东路马步军副总管知蓬州军州兼管内劝农营田事」节制屯戍兵马兼制□□□□□。"

修，亟起郡学、立孔殿，寺观、神祠咸鼎新」之。是役也，皆本郡人上下一力，毫发靡」劳于民，期无负任使责成之意，因纪颠」末，以诏无穷云。淳祐十一年辛亥□□」利东路马步军副总管知蓬州军州兼管内劝农营田事」节制屯戍兵马兼制□□杨大渊。

（四）古建筑

据“杨大渊修建运山城记”记载，山上修建了衙署、谯楼、民居、市井、郡学、孔殿、寺观、神祠等建筑，蔚为壮观。但时过境迁，如今已难觅踪迹，唯存民居数处、寺观 1 座（凤仙寺[①]）。

1. 凤仙寺遗址

凤仙寺遗址位于山顶部天生池西侧，经纬度坐标为 N30°59′29.79″、E106°26′42.13″，海拔 560 米，方向北偏东 40°。清光绪《蓬州志》中对凤仙寺有记载：“山上平坦，有凤仙寺，池塘可资灌溉，明季张献忠屡攻不克”[②]。可见在当时，运山城上确实有过寺庙存在，至今当地居民也称该处为凤仙寺。据当地村民回忆，20 世纪 70 年代，运山城内建立微波站时，凤仙寺被改造为职工宿舍楼，如今该宿舍楼也已荒废。据当地群众介绍，凤仙寺前殿左侧原有高约两米多的石碑三座，现已被拆除，不知其踪。见图 5-58、图 5-59。

据方志文献记载，运山城上除凤仙寺之外，似还有一座名为云山寺的寺庙。明正德《蓬州志》中记载：“云山寺，在云山上，不知创自何代”；清雍正《四川通志》中记载：“天生池，在县西，《寰宇記》：披衣山。云山寺中有池。”而从现在天生池和凤仙寺的位置来看，其“云山寺中有池”中的云山寺应当就是凤仙寺，只是因时代不同而叫法有异。

---

① 唐宋时期盛行修建奉先寺，运山城凤仙寺之名当为奉先寺之讹。

② 光绪《蓬州志》卷 15《艺文篇》，清光绪二十三年刻本。

图 5-58 凤仙寺遗址

图 5-59 凤仙寺遗址（原建筑已毁）

2. 民居

由于交通不便，如今运山城上的居民大多已搬离此处，仅剩两三户人家还在山上居住，但城上保留了大量具有川东北特色的民居建筑，分布于西门至天生池一线。这些民居在平面布局上以三合院形式为主，梁架结构为穿斗式。以方形石柱为主要支撑，墙体上部采用四川地区特有的“竹编泥墙”，下部则以石板为基础，所用石料大多就地取材，甚至直接使用运山城内原有建筑构件或城墙石作为建筑基础。在一些民居墙壁上至今还能发现雕刻有花纹或文字的条石。屋顶多为斜顶并有覆盖小青瓦，房顶凸出的椽条上还雕刻有各式花纹。遗憾的是，随着城内居民越来越少，部分民居年久失修，损毁严重。见图 5-60。

图 5-60　运山城上的民居

除以上现存民居等建筑遗迹之外，“杨大渊修建运山城记”中还提到衙署、市井、学校等建筑。在天生池周围发现大量陶瓷残片，其中不乏具有宋代特征的灰陶布纹板瓦、白瓷片、青白瓷片等。但据此难以确定建筑的性质和具体情况，还需要进一步的勘探、发掘工作才能确认。不过，综合文献描述和运山城地形地貌及其他遗迹的位置，还是能得出一个初步的推测，即文献中记载的这些建筑遗迹主要应该分布在山顶中部及天生池周边区域，街市则与现在民居聚居点位置基本相同。之所以做出这样的推断是因为从现存遗迹遗物来看，运山城内东部、西部、南部皆为重要的军事防御区域，而北部地势最高，悬崖落差最大，并且有大量的耕地可供耕种，应是重要的生产区域。只有在山顶中部和天生池周边地区地势较平缓，土壤深厚，水源充足，是运山城内最好的生活区域，自然也是大量建筑聚集的区域。

五、遗迹形制及断代

（一）形制

运山城遗址始建于南宋淳祐三年（1243 年），先后经历宋蒙（元）战争、明代鄢蓝起义、明末张献忠入蜀、“姚黄”势力侵袭、清中期白莲教起义、清末李蓝起义等兵燹，可谓饱经风霜。正是由于长期的军事活动存在，运山城上保留了大量不同时期的城墙、城门等军事防御遗迹，对这些重要的遗迹进行形制分析，能为我们了解各个时期不同的遗迹特点提供参考，也能为我们研究运山城 700 多年的历史提供实物佐证。

1. 城墙

运山城内外两层防御体系中都保存有大量的城墙遗迹，为讨论其时代提供了实物材料。

（1）城墙石

运山城遗址的城墙石石质为砂岩，主要包括两种规格。其一形制较规整，大致呈楔形，一端大一端小，多数长约100厘米，大端宽、高约40厘米，小端宽、高约20厘米，錾痕多为整齐的“人”字纹或斜线纹。其二形制为长方形，长度多在150~200厘米，宽度约30厘米，厚约20厘米。錾痕多为细密的竖条纹。从开凿痕迹及采石遗迹看，这些城墙石系就地取材，往往取自城墙根部的岩体之上。如此既能节约人力、增加城墙高度，还能使城墙根部岩体更为陡峭，增强城墙险固性，可谓一举多得。

（2）构筑方式

①平地筑墙

平地筑墙即以条石在平地之上垒筑城墙，其构造方式类似于平地城池的城墙。在山城寨堡中，则多见于一字城墙，如钓鱼城南北一字城等。这种构造的城墙主要砌筑在战略地位重要、地理形势并不险要的区域，起隔离或围合成城的作用。城墙体量较大，内外以形制规整的长条形或楔形城墙石包砌，中间夹层则夯筑碎石和泥土。城墙切面略呈梯形，从下至上逐渐内收，形成一定倾斜度。这种夯筑而成的城墙不但坚固耐用，而且节省石料和建筑工期。

运山城遗址内黄家沟、唐家沟垂直于鹅颈项的两段城墙便是这种构筑方式。黄家沟属于东门外层防线上的重要阵地，战略地位极为重要。其南侧虽有鹅颈项山脊阻隔，可保无虞，但北侧却为缓坡，因此也是运山城设防的重点区域。鉴于此地险要不足，因此在兴筑城防之时，只得采用平地筑墙的构造方式，砌筑一道长约40米的类似于一字墙的高大城墙垂直于鹅颈项山脊，并开辟城门，从而在黄家沟与鹅颈项之间围合成一个小城，增强了这一区域的防御能力。在唐家沟三号城门附近也同样砌筑了这样一道城墙垂直于鹅颈项山脊，并围合成一个小城。如此一来，便在东门内城防御之外，以鹅颈项山脊为界通过平地筑城的方式新增加了两个特殊的小城，完善了东门区域的防御布置，极大地增强了本区域的防御能力。

②因崖筑墙

因崖筑墙指充分利用直立陡峭的自然崖壁作为防御屏障，在悬崖缺口或顶部加筑人工城墙，从而形成自然绝壁与人工城墙有机结合的防御体系。这种城墙构筑方式是巴蜀地区山城寨堡的典型特色，其最大特点是充分利用自然地势，人工砌筑的城墙大多是对自然崖壁的补充和完善。与平地起筑的城墙迥然相异的是，这种城墙通常只有外面一层，而非两面夹筑包砌。这种构造方式的城墙因砌筑于悬崖顶端，战时不易受到太大的直接冲击，所以厚度不及前者。

运山城除黄家沟城墙局部、唐家沟城墙局部为平地筑墙外，其他区域几乎全部是因崖筑墙。

（3）城墙石砌筑法

运山城城墙石的砌法可粗分为丁砌和顺砌两种形制，分别对应两种不同规格的城墙石。其中丁砌筑法对应楔形城墙石，大头在外，小头在内，城墙体量相对较大，墙体较厚，且自下往上逐步内收，呈10~15度的倾斜，稳固性好。顺砌筑法则对应长方形城墙石，交错垒砌而成，城墙体量相对较小，墙体较为单薄，且墙壁陡直，不带倾斜度，稳固性稍差。

从实地调查看，丁砌筑法的城墙主要见于南敌台、东门敌台、滴水岩、黄家沟城门以及唐家沟三号城门附近。唐家沟一号城门附近城墙下部1~4层也是丁砌筑法。顺砌筑法主要见于唐家沟一号城门附近城墙上部、黄家沟城墙顶部、姚家沟城门附近城墙等处。

丁砌筑法及楔形城墙石在其他宋元城寨中十分常见，如钓鱼城菁华门外的下部、钓鱼城一字城、泸州神臂城一字城墙、平昌小宁城内外城墙、巴州平梁城内外城墙、金堂云顶城张家湾城墙、富顺虎头城外城墙、南充青居城东岩城墙等，为宋代典型筑法。顺砌筑法及长方形城墙石则多见于明清时期。从运山城各种筑法城墙的分布及其叠压关系来判断，宋代运山城的城防设施并未完全毁坏，而是有部分保留。且运山城遗址在明清两代得到较大规模重建，这与地方志等文献中记载的明清时期运山城战乱史实是吻合的，也为这些文献记载提供了实物佐证。

根据城墙选用石材的规制、砌筑方法以及风化程度推测，南敌台、东门外（两处）及唐家沟三号城门附近的隔离墙均为清代补筑，与宋蒙（元）战争无关。

（4）錾刻纹路

就目前调查所知，巴蜀古城堡所用石材錾刻纹路主要可分为“人”字纹、斜纹、竖条纹三种，反映出不同时代石材加工工艺的特色。

①“人”字纹

“人”字纹常见于巴蜀地区宋元城堡中，常与楔形城墙石和丁砌筑法相对应。如南充青居城、金堂云顶城、泸州神臂城、平昌小宁城、巴州平梁城等宋代山城中十分常见，因此带有宋代典型特征，当为宋代石材加工工艺无疑。宋代城堡多举朝廷之力，由军队主导、民众参与而建造，因此无论在城堡坚固性还是城墙石体量上，都远非明清时期可比。宋元城堡所用石材体量普遍偏大，运山城东门所用石材就有不少超过400千克的巨石。城墙石体量愈大，其开凿、切割、打磨加工的难度也就越大。采用“人”字纹的錾刻方式，一方面可从两个方向对巨石进行切割加工，减小加工难度；另一方面斜着錾刻也更符合人体工程学原理，可以在一定程度上节约工匠体能。

运山城“人”字纹城墙石主要分布于南敌台、东门及黄家沟、唐家沟等地局部城墙之上，这也与南敌台、东门区域防御体系建于宋代的文献记载相符合。见图5-61。

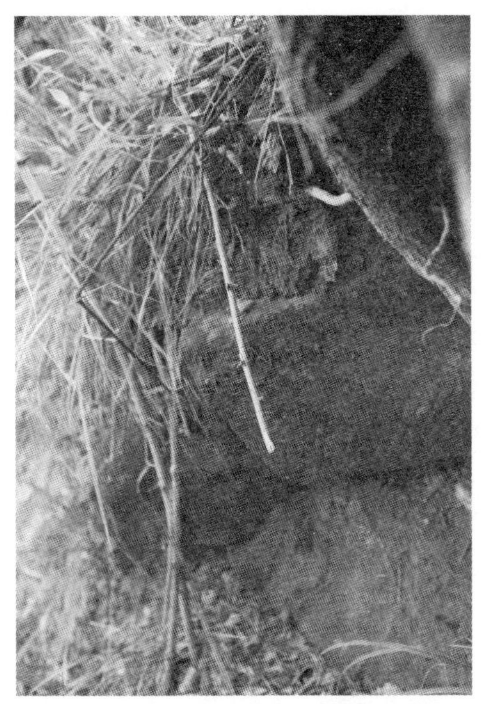

图 5-61 “人”字纹城墙石

②斜纹

斜纹亦多见于宋元城堡中，常与楔形城墙石和丁砌筑法相对应，有时与“人”字纹城墙石一起出现，也属于宋代城墙石加工的典型特征之一。斜纹对应的城墙石体量相对于前者较小（因体量小，故不需双面加工，也就不存在“人”字纹錾痕），如金堂云顶城张家湾段宋代城墙，其城墙石切面宽不过 20 厘米，高不过 30 厘米。运山城斜纹城墙石主要见于南敌台局部、黄家沟城墙、东门敌台及唐家沟三号城门附近城墙之上，也应属于宋代遗迹。

③竖条纹

竖条纹在运山城城墙之上最为普遍，常与长条形城墙石和顺砌筑法相对应，一般出现于明清及以后。这种錾刻纹路有的加工精细，有的则较为粗糙。从力学角度而言，开凿垂直竖条纹比开凿斜纹难度要大，因此目前所见细密竖条纹的城墙石体量通常较小。运山城上带有细密竖条纹的城墙石主要分布在外城，如唐家沟一号城门附近、姚家沟城门附近、黄家沟城墙局部等处，这与文献记载的明清时期较大规模加筑和修缮活动相符。

需要指出的是，錾刻纹路与各时代特征并非完全对应。“人”字纹及斜纹虽然常见于宋元时期，但不排除这种錾刻加工方式曾延续至明清时期。同理，细密竖条纹虽多见于清代，但宋代未必就完全没有这种纹路，事实上金堂云顶城 1986 年出土的瓮城门上就发现有不少竖条纹城墙石存在。因此，錾刻纹路虽然具有时代共性，但也会因工匠个体差异和加工习惯而出现特例，所以它仅仅是巴蜀古城堡形制研究的一个参考方面，并无绝对性，还应参考其他任何有利于分期断代的材料，得出正确的断代结论。见图 5-62。

图 5-62　竖条纹与斜纹城墙石

2. 城门

运山城遗址除东门外，其他城门大都已毁。但从目前残存的部分遗迹以及村民回忆看，运山城上的城门主要可以分为两种形制。

（1）券拱形城门

这种形制城门基础由体积巨大的条石垒筑而成，最大的城门石长达 2 米，重逾 400 千克。其顶部为券拱结构，由较长的拱券石架构而成，形成半圆形券拱门顶。拱顶之上再用大型规整的条石垒筑，使得城门顶部成一个平面，便于城楼的修建。券拱形城门完全符合力学、工程学原理。体量巨大的城门采用这种结构，可以充分利用拱券的受力原理，将由城门顶部的巨大重力产生的压力传导至城门底部基础及左右天然绝壁上去，从而减少城门顶部所受压力，保证了城门的稳固性。但是修造这种类型的城门施工难度大、技术要求高，一般需要由专业的筑城匠人完成。

券拱形城门在四川宋元古城堡最为常见。如小宁城外城的西门、小西门和北门，在拱券顶部有淳祐年间纪年，为宋代城门无疑。金堂云顶城也有两座纪年明确的宋代券拱形城门。运山城上保存最为完整的东门是典型的券拱形城门，其门拱由 11 块巨大的拱券石架构而成，城门整体体量巨大，气势雄壮。东门左侧以天然崖壁为受力基础，右侧则砌筑巨大坚固的受力墙体，上部构建巨大的券拱以传导城门顶部压力。正是如此结构，才使其经历 700 多年风雨飘摇至今仍屹立不倒。据当地村民姚茂生老先生回忆，运山城西门亦为此种类型。

（2）平顶形城门

平顶形城门也是四川地区古城寨中常见的形制之一，多见于清代城寨中。这种形制的城门多由方形或矩形条石垒筑，条石较为规整，大小适中。城门顶部则由 2~3 块较大的条石直接垒筑在顶部，形成平顶形城门，部分城门还在顶部继续加筑 1~2 层条石，起到加固或增加城门高度的作用。这种形式的城门修建难度比券拱形城门小得多，因此存在的数量也较多。由于古代没有现代化工具的辅助，修筑巨大的券拱形城门是一件难度较大的工程，加之长期的战事使得修筑城门的成本大大增加，因此修建简单实用的平顶形城门是最为合适，同时也最方便的选择。这种形制的城门出现主要有四个原因，一是经济、技术、人力条件限制，无法修筑大型券拱形城门；二是受到地形条件的制约，不易或不宜修建规模较大的券拱形城门；三是受战事缓急程度影响，缩短建筑周期，减少建筑时间；四是平顶形门减少了城门空间，去掉了弧顶，更便于设置木质城门。此种类型的城门在宋元以后，特别是清代中后期最流行。

运山城上这种形制的城门主要分布于外城区域。据当地村民姚茂生老先生回忆，运山城外城区域的八座城门大部分都是平顶形城门，如姚家沟城门、黄家沟城门、唐家沟一号城门等。由此可见这些城门修筑年代应该要晚于内城三门，其修筑的主要目的在于防御战斗力远低于蒙古军的农民起义军，因此没有修筑大型券拱形城门的必要。此外，运山城外层防线大多位于山腰平缓坡地，受地形条件限制，也不适宜修建大体量的券拱形城门，因此采用这种平顶形城门。清咸丰年间，避乱于运山城的百姓甚至对宋代所建的东门也进行了改造，在门洞内加筑两根巨大的门柱，然后在门柱顶上安置一块弧形门额，实际上就是将门洞高大的宋代券拱形城门改造成了门洞较小、利于开合的平顶形城门。

（二）断代

运山城从建立至今的 700 多年时间内，曾经过多次加筑和修缮，因此保存了不同时代的遗迹遗物。在这些遗迹中，除部分因保存状况较好、特征较为明显、纪年信息明了的可以较为清楚地判定年代外，部分保存欠佳的遗迹还难以断定确切年代。但依据地形特点、防守的需要以及文献对运山城的描述，并结合对城门、城墙等重要防御设施的形制特征分析，我们可以推测调查中发现的由城墙连接而成的双层环形防御体系就是宋代运山城的大致范围。明清战乱时期，又在原有城墙、城门的基础上进行了加筑、改建和修缮。同时，部分区域还存在多个时代遗迹叠加的情况。

1. 宋代

运山城始建于南宋末年，但现存完整的宋代遗迹数量较少。根据文献记载，并通过形制、特征分析，可以确定运山城东门为宋代遗迹，其余城门由于皆已毁弃，难以准确判定。题刻中“宝祐纪功碑”“杨大渊修建运山城记”是有明确纪年的宋代碑刻，遗憾的是南宋“杨大渊修建运山城记”现已不存。城墙中，东门敌台、黄家沟垂直于鹅颈项段城墙、唐家沟垂直于鹅颈项段城墙、南敌台、滴水岩区域城墙均为宋代遗迹。此外，天生池及附近的六方井为宋代遗迹无疑。除各类遗迹外，运山城顶部西南侧台地土壤中还发现大量带有典型宋代特征的瓦砾及陶、瓷器残片。

2. 明清

运山城在宋元战争结束后，仍然作为重要的军事防御要塞为历代所重视和利用。从运山城现存的遗迹情况来看，保存数量最多的就是明清时期的各类遗迹。

城门中虽然只剩东门，但根据石材规制、砌筑方法以及风化程度等推测，运山城外层防线上的姚家沟城门、陈家沟城门、唐家沟城门、鹅颈项城门等均为明清时期重新修建；城墙中姚家沟城墙、唐家沟城墙上部、黄家沟城墙上部均为明清时期所加筑。南敌楼、东门外（两处）、唐家沟的隔离墙均为清代补筑，与宋元战争无关。题刻中除前述“宝祐纪功碑”及“杨大渊修建运山城记”外，均属清代，如老观音龛内顺治元年题刻、东门内嘉庆补修路碑、观音洞内嘉庆题刻、地藏菩萨龛嘉庆题刻、东门地区的咸丰辛酉碑、东门门额咸丰“天外一峰”题刻等。上述题刻主要集中于清初、嘉庆和咸丰三个时期，与该地区在上述三个时期战事频繁相关。与题刻相邻的龛窟及洞窟也为明清时期开凿。除此之外，运山城上保存有清代以来的大量民居、寺观等建筑遗迹。

3. 多时代叠压

由于运山城在不同时期都经过修缮，因此现存遗址内，各时代遗迹遗物并非完全独立，部分区域还存在多时代遗迹叠压的情况。如唐家沟一号、三号城门附近城墙，其底部1~4层为楔形城墙石丁砌而成，錾刻纹路为“人”字纹、斜纹，为宋元时期城墙；而上部5~20层则主要由长条形城墙石顺砌而成，錾刻纹路为细密竖条纹，为明清时期加筑。而东门门拱、南敌台及黄家沟部分城墙，其筑法、錾刻纹路及整体风格均带有宋代特征，但又可以明显看出两个时期加筑的痕迹，应与文献记载中宋代两修运山城的记载相符。即张大悦在杨大渊筑城的基础上对运山城进行加固修缮，从而造成同一时代不同时期的遗迹叠压。

六、宋代运山城防御体系

（一）运山城战略位置

嘉陵江发源于甘肃南部，流经陕西南部，纵贯四川盆地，在接纳了涪江、渠江之后在合川汇流，最终在重庆汇入长江。这三条江在川甘、川陕交界处形成三个河谷，这三个河谷在古代是由陇入蜀的阴平道、由秦入蜀的金牛道和米仓道的重要路段。因此，嘉陵江及其支流水路和沿线的陆路是蒙军由北向南进攻四川，威胁长江中游的最重要通道。故嘉陵江及其支流就成为宋军重点防守的地方，而嘉陵江干流又是重中之重。余玠在嘉陵江干流由北向南修建了剑阁苦竹隘、苍溪鹅顶堡、苍溪大获城、蓬安运山城、南充青居城、合川钓鱼城六个要塞，形成节节防御之势。其中苦竹隘、大获城、运山城、青居城、钓鱼城五个地位更加突出，列名“八柱”。“八柱”中有五个位于嘉陵江沿线，可见余玠对嘉陵江防线的重视。因修筑运山城时，青居城尚未开建，所以，运山城实际是山城防御体系的军事核心——钓鱼城的门户，战略地位不言而喻。由于运山城又处于唐宋时期由成都到万州的陆路交通要道上，所以又可以屏障夔达区域，在整个四川防区中战略地位十分突出。运山城在宋蒙战争初期确实有效抵制了蒙军的两次进攻，让蒙军损兵折将，无功而返。

但事情往往具有两面性。宝祐六年（1258 年），苦竹隘、大获城、运山城、青居城等重要城堡相继失守，元军还将大获城、青居城、运山城和渠江流域的大良城四座城堡加以利用，称之“蜀四帅府”，作为进攻宋军的重要堡垒。如此，包括运山城在内的嘉陵江沿线几个城池的性质立变，成为楔入宋军腹地的一柄尖刀，直接威胁钓鱼城和夔达地区安全，给宋朝的防守带来了很大困难，最终导致了山城防御体系的崩溃。

（二）防线、防区与防御点

面对强悍的蒙古骑兵，宋军上下不敢大意，在营建运山城时可谓绞尽脑汁，充分利用了地形地貌特点，构建起完备的内、外防线，并在部分重要位置建设了防御区和防御点。

1. 防线

根据现存遗迹分析，运山城内、外两城实际就是内、外两层防线。

（1）外层防线

从巴蜀地区同类城堡情况看，部分山城的外层防线常有广义与狭义之分。广义的外层防线包括分布于本山城附近，起拱卫作用的诸多外堡等外围军事据点。如广安大良城附近的小良城、金堂云顶城附近的小云顶城、白帝城附近的擂鼓城、神臂城附近的大中坝水寨、安乐山城等。而狭义的外层防线则一般指区别于山城核心防御系统的外城防线。

宋代运山城周围是否存在拱卫性质的外堡，未见史载，故难以确知。但以运山城的重要地位和独特的地理形势来看，不排除其拥有外堡的可能。四川古城堡文化研究中心曾在运山城周围开展多次调查，以期寻找其可能存在的外堡。2017 年 9 月上旬，笔者在蓬安县相如镇固州寨调查时，发现了带有宋代特征的城防设施。固州寨位于蓬安县相如镇固州寨村嘉陵江东岸，西与相如故城隔江相望，扼嘉陵水道；东南与运山城互相守望，直线距离不过六七千米。调查发现固州寨残存城墙遗迹数十米，现存 6~8 层，残高 200~350 厘米。城墙下部 1~3 层为丁砌筑法，城墙石大致呈楔形，体量适中、加工精细，錾刻纹路以斜纹为主，城墙带有一定斜度，带有宋代特征；上部 4~8 层为顺砌筑法，由体量稍大的长方形条石垒砌而成，嵌合紧密，明清时期特征明显。综合巴蜀地区同类山寨的时代风格，初步推断固州寨在明末清初即已初具规模，部分城防设施甚至可能早至宋代。运山城是嘉陵江中游的重要城堡，但其所处位置距离嘉陵江约有 15 里之远，难以直接控制嘉陵水道。由此推测，在嘉陵江岸附近，很可能存在一座外堡，作为运山城控扼嘉陵水道的前哨。事实上，调查发现固州寨城防遗迹主要分布于临江一面，由此亦可推见当时筑寨的主要目的就在于控扼水路。综合来看，固州寨或是运山城西侧的外围堡垒之一。

从狭义上讲，运山城外层防线主要由山腰处的多座城门及城墙环线组成，其外城的防御面积约 32 万平方米。外城东侧从鹅颈项城门开始，向北经过黄家沟城门，通过黄家沟城墙延伸至东门左下侧，在滴水岩区域与内层防线合二为一。南侧从鹅颈项城门向西，因崖筑墙，依次经唐家沟三号城门、唐家沟二号城门、唐家沟一号城门，翻越鸡公岭后至陈家沟城门。这一段防线位于运山城的东南部，地势相对平缓，是运山城上的防御重点，因此该段城墙的体量及坚固程度，都是运山城内最好的。

西侧从陈家沟城门开始，向北一路经过垮城门、姚家沟城门、檬子垭城门与内城悬崖相连。这段防线损毁非常严重，目前所有城门都已被毁。除姚家沟城门附近保存有零星城墙外，余皆毁坏无存。但根据现存城门、城墙残迹判断，运山城西侧至北侧的外层防线基本还是沿山腰分布的。20 世纪六七十年代“三线”建设时，运山城西北部山腰处开建出一条约 5 米宽的公路，其中姚家沟至檬子垭段就基本沿运山城外城边缘修建，对沿线遗迹破坏严重。

（2）内层防线

运山城的内层防线轮廓较为清晰，基本上与山顶平台范围相当，约 12 万平方米。四周均为 10~20 米的悬崖峭壁，除滴水岩区域因崖壁稍矮大量砌筑城墙防守外，主要依靠自然绝壁作为防御屏障，充分利用了自然地势。内城四方关口处分别建造了东门、西门两座城门及东、南、北三座敌台。尤其在东门区域，更是构建了复杂的防御工事，极大地增强了内城的防御能力。运山城内城地势较平坦，城内道路交通发达，城门之间各有马道相互连接，便利了各区域军情传递及相互支援。同时城上还有较为稳定的水源及大量可耕种土地，具备长期坚守的先决条件。

运山城的内城和外城之间的落差最大可达 50 米左右，两道防御线之间的距离最近处仅 30~40 米，最远处可达 200 余米。当然，运山城内、外两层防线并非孤立存在的，而是相互之间通过数条山脊或石板道路密切联系，并存在相互支援的关系。东门即通过石板步道与鹅颈项相连，进而与这一区域的三座城门互通联络。西门也通过石阶步道与姚家沟城门、垮城门等外层防御设施相互联通。北部则通过檬子垭山脊与北门相连。

运山城上形成这种内外城结合的防御体系并非偶然，独特的自然优势是运山城能够成为“八柱”之一的根本原因。余玠上任四川制置使后能够如此重视并亲自加固重修运山城，也正是看重了其地理位置之优势。但是值得注意的是，宋军在构筑运山城防御工事时，还是有所侧重的。调查发现运山城军事防御设施主要集中于城东和城南区域。因此，根据运山城内外防御设施的布局特点，我们可以大胆推测：运山城东部、南部，特别是东门附近区域坡度较为平缓，应该是蒙军重点攻击区域。1246 年，汪德臣及其弟汪直臣所率领的蒙古军猛攻运山城，最终攻取了外城，此战战况惨烈，汪德臣所乘之马及其弟汪直臣被宋军击毙，此事很有可能就发生在东门附近。“宝祐纪功碑”也提到 1255 年蒙军在东门外窥伺 10 余天，无隙可乘，不得不退兵的事。见图 5-63。

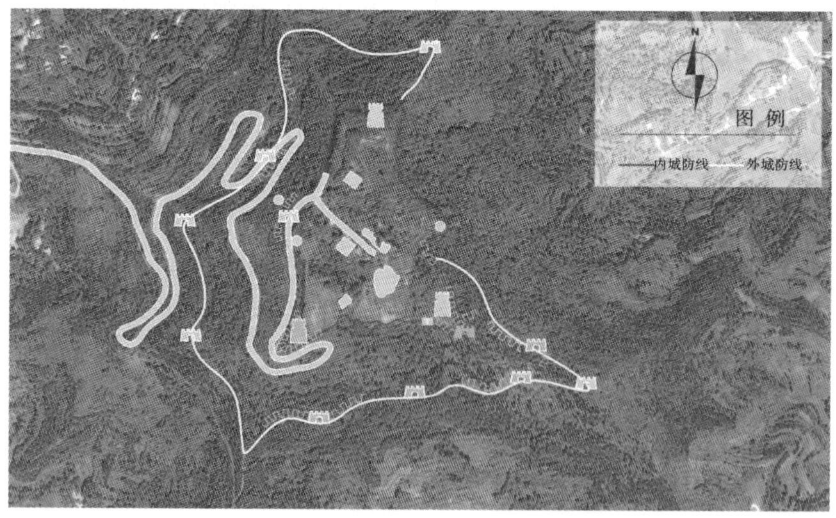

图 5-63　运山城内、外城防示意图

2. 重点防御区域

运山城城防体系的构建充分考虑了地形地貌、功能分区等多方面的因素，城防设施的配置也因此有所侧重。从山城地理形势及城内现存遗迹分布情况来看，东门一带无疑是运山城的重点防御区域。

从地理形势来看，运山城四周虽然大多数地方崖壁陡峭，具有天然防御功能，但城内各区域地势仍然陡缓有别。北门、西门及南敌台一带绝壁孤悬，相对高差达三四十米，除以城门控扼入城山脊外，几乎不必设防。唯东门一带虽然山顶崖壁峭立，但高不过10余米。且北邻黄家沟、南靠唐家沟，山腰外城一带皆为缓坡，其险要程度远不及城内其他区域。黄家沟北部为檬子垭山脊，北门雄控于此，有万夫莫开之势；西部为运山城地势最为险要的悬崖绝壁，天堑难越，唯西南部靠近东门一带地势相对低缓，是最佳入城之地。唐家沟位于东门南侧，东北部虽有鹅颈项山脊阻隔，但沟内地势开阔低缓，几可直通东门，无险可守。东门外经鹅颈项山脊有石板道路与山下相通，虽方便与外联通，但不利设防。总而言之，东门一带地形复杂、坡度低缓，难如城北、城西一样充分利用自然天险以作防御，无疑是运山城防御最薄弱的地区，也是全城设防难度最大的区域，由此也自然成为敌军的首选进攻之地。正如此，无论是杨大渊还是张大悦都非常重视东门一带的防御布置，将其作为运山城重点防御区域来经营，这一点在相关文献材料及城内现存摩崖碑刻中皆有佐证。

根据目前调查，东门一带是运山城城防军事遗迹保存最好，构建最复杂的区域。通过杨大渊与张大悦的多次苦心孤诣地经营，形成了独立的以东门为核心的区域性防御体系。这个重点防御区域内以东门为核心，东敌台为辅，控守城东南方向入城要道；外以鹅颈项山脊为轴，在南、北缓坡地带平地起筑，修建城墙，实际上在鹅颈项山脊两侧的黄家沟、唐家沟各构筑起一座小城。此外，再分设三门，分别控守黄家沟、唐家沟入城之路及鹅颈项山脊外端。如此一来，东门防线被外延至山脊外端，扩大了东门一带的防御纵深和回旋余地，守城宋军可通过鹅颈项顶部道路沟通内外，先以外城三门及黄家沟、唐家沟小城形成第一道防线，防御两侧来敌。东门及东敌台则成为第二道防线，一则居高临下，随时观察敌情，二则居后策应，适时支援前线。值得一提的是，黄家沟、唐家沟两个小城虽然分处鹅颈项山脊两侧，但并非完全隔绝。调查发现在鹅颈项山脊下部有一自然岩洞，穿山脊而过，可沟通黄家沟、唐家沟小城。平时以条石封堵，分割防区；战时则可沟通山脊南北，彼此支援。这正是对自然条件的充分利用。正因如此，蒙古军才在东门外逡巡十余日不得入，无功而返。

3. 防御点

运山城的防御除了较为完整的内、外防线之外，在重点区域还设置有较为重要的防御点。例如运山城上的南敌台与东门敌台，就是在重点防御区域内设置的重要防御点。南敌台位于运山城西南侧最高点位置，面积约为 30 平方米，是运山城西南地区重要的防御节点，既起到观察瞭望作用，同时又可以占据地利优势对山下的敌人进行攻击。东门敌台的作用与南敌台相似，位于东门左侧上方的平台处，面积约 20 平方米，既是东门防御体系的附属设施，同样也是这一区域的重要防御点。

除了人工砌筑而成的防御点之外，运山城上的檬子崖、鹅颈项、鸡公岭三处山脊也是天然的防御点。这三处山脊是运山城对外交通的三条必经之路，也是外城多处重要城门所在地，在运山城内外防御体系中发挥了非常重要的作用。

（三）运山城防御体系特点

宋淳祐二年（1242 年）余玠出任四川安抚制置使后，改变了宋金战争以来一直沿袭的、专重蜀边的防御布局。他将各戎司的驻军据点部署在四川内部地区的重要山城之上，重新划分各自的防区范围。淳祐三年（1243 年）余玠入蜀后，利用蜀中独特的地理形势，分步骤建立了大量山城寨堡，控扼交通，逐步构建和完善了对四川山城防御体系的战略部署。这些山城寨堡以重庆城为指挥中枢，钓鱼城为军事核心，“八柱”为中流砥柱，水陆要道为衔接纽带，一并构成了覆盖全川的庞大军事防御体系，遏制了蒙古骑兵的军事劫掠，在一定程度上扭转了战争不利局面。而运山城作为“八柱”之一，雄控嘉陵江中游，是四川山城防御体系的中坚要塞，其防御体系构建的特点主要体现在以下几个方面：

1．匠心独运之处

（1）易守难攻的地理形势

运山城雄踞嘉陵中游，控扼蓬州要道，战略形势极为重要。运山在周边丘陵中巍然高矗，四周崖壁绝陡，是不可多得的要塞，这也是当时余玠放弃在江畔筑城的惯例，选择在距离嘉陵江 7 千米的运山上筑城的原因。虽然距离嘉陵江有 7 千米之遥，但在江边却安排了一个前哨阵地——固州寨，同样可以起到控扼嘉陵江的作用。运山城的防御核心坐落在运山顶部，以悬崖绝壁为天然屏障，易守难攻。而通往山顶的道路又蜿蜒曲折，路径狭小，蒙军难以展开，无法发挥骑兵和人数众多的优势。

（2）具备长期守御基础

运山城与周围其他山丘不相连，而是单独存在于一处独立较高的山体之上，其顶部地势平坦，土壤肥沃，有数十亩田地可以耕种。城内还有天生池及水井等充足水源，可保证城内军民日常生活及生产所需。此外，运山城周边为丘陵地带和嘉陵江冲积台地，土壤肥沃，物产丰足，可供运山城战时使用，利于长期守御。南宋军队依靠运山城与蒙古大军展开了长达 15 年的军事周旋，同时还养活了大量军民，除得力于独特的地理形势外，更重要的是城内具备长期守御的物质基础。

（3）内外结合、有所侧重的城防体系

运山城遗址的 11 座城门大多修建在地势险峻之处，周围或为悬崖峭壁、或为陡坡平台，各个城门之间通过城墙两两相联，战时相互呼应。大量的城门、城墙构成较为完备的防御体系，既保证了城防体系的牢固性，又扩大了整个运山城防御体系的纵深。运山城两道防线，一道位于山顶部的内城核心区域，一道则位于山腰部的外城区域。两道防线内、外结合，相互支援，极大地提升了运山城整体的军事防御能力。此外，运山城防御重点突出，城防建设有所侧重。其东南部、西部的外城区域是防御设施最集中的地方。特别是东门附近，集中了大量的城门、城墙工事，其城防坚固性和复杂程度远远高于其他区域，属于运山城重点设防区域。这种有所侧重的城防体系构建，虽然并非运山城独有，但却表现得尤其明显。

（4）因地制宜、巧妙构建防御区域和防御点

运山城防御体系构建之时，十分注重因地制宜，主要表现在两个方面。一是利用军事设施加强对薄弱区域的攻防能力。如东门区域，通过利用和改造天然崖壁、山脊，设置敌台、城门、道路等将地形不利的东门一带改建为防守能力最强的区域。二是注重对部分特殊地形的利用。运山城上的两处敌台就是充分利用区域小地形加工而成的，东门敌台、南敌台都是利用了一块凸出于山体的平台因势而建的。这些巧妙利用地理地形特点的防御配置，充分体现了南宋军民的智慧，也体现了整个四川地区山城因地制宜布置防御的特色。见图 5-64、图 5-65。

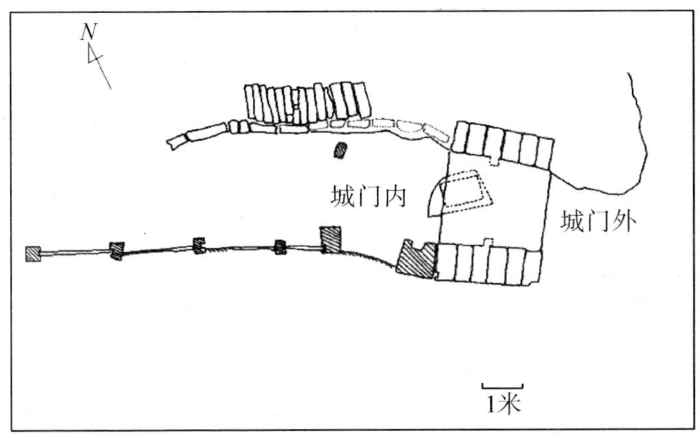

图 5-64 东门平面图

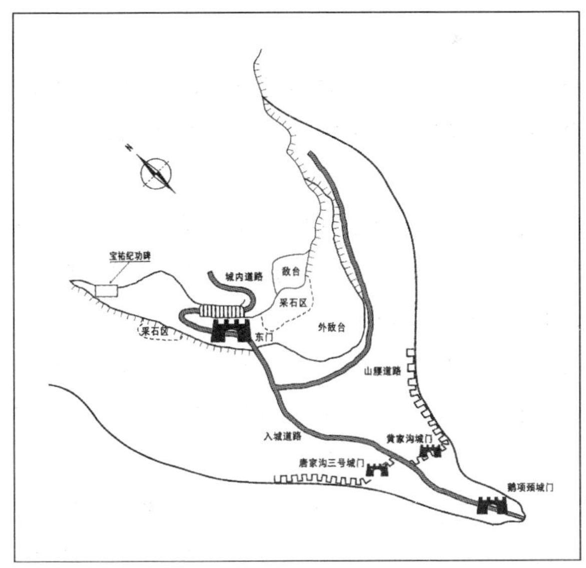

图 5-65 东门一带城防示意图

（5）军事防御与精神防御并举

运山城既是宋蒙对峙、明清治乱的军事要塞，更是军民保聚之地，事关军民性命。因此，守城军民在苦心构筑军事防御体系的同时，也非常重视精神防御的力量，做到了军事防御与精神防御并举。城内凤仙寺应属奉先寺之讹，宋代军民在城内修建奉先寺，供奉大宋历代帝皇，正是以宋代先帝丰伟事迹激励将士保国守土之志。调查中还在城内发现众多龛窟，供奉观音、地藏、土地等神像，亦是城内军民寄希望于宗教神灵，渴望神灵救赎，取“凭神保佑”之意。同时杨大渊、张大悦等守将在城内镌刻巨幅碑刻，弘传抗敌之事迹，激励守土之决心，培育报国之精神，亦是精神防御的重要表现。

2. 防御体系弱点

运山城防御体系虽然具备如此众多的优势特点，但受制于客观条件，也并非天衣无缝，仍存在着一些问题和缺点。

（1）面积小，防御能力不足

相较于巴蜀地区其他宋元山城，运山城的整体规模较小，尤其是内城范围小，致使城内承载力较弱。四川山城防御体系中，大型山城可承载的军民数量一般也较大，如金堂云顶城，面积数倍于运山城，城内仅利戎司驻军就有七八千人。而与运山城同处于嘉陵江流域的大获城仅有金戎司驻军不足千人。诚然，此与大获城地处宋蒙交战前线，兵力消耗甚巨有关，但也与其面积较小有直接联系。而面积比大获城还要小的运山城，估计其守城军民数量亦不会太多，士兵最多也就一千人左右。这就容易造成战斗力不足的现象，虽然可依靠险峻的地势和军民的斗志坚守相当长的一段时间，但军事力量的悬殊始终是影响战场胜负的关键因素。

（2）外城范围过大，战线偏长

实地调查发现，运山城内城周长约 1 600 余米，外城周长约 3 200 余米，其外城面积比内城面积大一倍有余。其内、外城相结合的城防布局虽在一定程度上扩大了城防纵深，但从运山城的实际规模和守军数量来看，这种防御布局也容易使原本有限的兵力被严重分散，进一步增加了防守压力。

第六章 运山城遗址的保护与利用

yunshancheng
yizhi de baohu yu liyong

一、运山城遗址的价值

运山城遗址具有多方面价值，概括而言有文化、旅游两方面。

（一）文化价值

运山城的文化价值是其最重要的价值，体现在史料、考古、信仰、艺术几个方面。

1. 史料价值

（1）宋蒙战争

宋蒙战争是中国历史，乃至世界历史中的一件大事。宋蒙战争最终以蒙古的胜利告终，中国由宋代更替为元代，蒙（元）代宋对中国历史产生了重大影响，使中国的疆域空前扩大，促进了各民族之间的交流，同时也使中国的经济、文化遭受了巨大损失。宋蒙战争拖住了蒙军西征的步伐，影响了世界历史走向，改变了世界历史的格局。

宋蒙战争以四川战区开端，以四川战区结束，是三大战区（另两个为荆襄、两淮战区）中战况最惨烈、持续时间最长、对战局影响最大的战区。究其原因，乃在于宋朝在四川战区创建的山城防御体系。其山城防御体系由数十座遍布巴蜀交通要道和险隘的山城及大大小小的寨堡构成，各山城寨堡因山据险，控扼要道，相互声援，组成了多层次防御体系。擅长以骑兵奔袭的蒙军在严密的山城防御体系前失去了作战优势，而宋军借此扭转了战争不利局面，使蒙军深陷山城作战泥淖，从而为宋廷赢得了喘息之机，延长了宋祚。

作为山城防御体系首批建立的山城和“八柱”之一，运山城被宋廷寄予了厚望，从修建到城破，运山城在宋军手中共存在了15

年。这 15 年间，不仅抵挡了蒙军的多次进攻，甚至击毙了蒙古大将汪直臣，在军事上取得了很大胜利。

不仅如此，运山城在安定民心、发展经济文化事业方面也同样值得一提。不仅蓬州州治，连蓬州所属的营山、仪陇、蓬池、良山、伏虞等县及相如县治也悉数迁至运山城，保证了地方政治的正常运转。在战争时期，附近百姓大量涌入运山城寻求庇护，运山城成了当地若干州县群众的避难所，保障了人民群众的生命财产安全。运山城上还建设了孔庙、学校，在血雨腥风的岁月中仍坚持文教事业，也颇值得肯定。张大悦注重发展农业，为军事提供保障。“宝祐纪功碑”中称“民安其政”。光绪《蓬州志》上记载：“旧传蓬之俗少商贾，多文士，务农力田，皆大悦之力，见称于商挺。”商挺为宋末元初著名文学家，曾任参知政事、枢密院事、安西王相等职，与张大悦有交情，对其比较了解。

运山城降蒙后作为蒙军四帅府之一，成为蒙（元）军队攻击南宋的重要基地和前沿阵地。虽然角色已经转换，但仍作为重要“演员”继续参演着宋蒙战争这幕历史大戏。因此，运山城的历史几乎与宋蒙战争相始终，保存至今的遗址、遗迹、遗物都是宋蒙战争的历史见证，蕴涵了丰富的历史信息，是研究四川地区宋蒙战争的重要史料。

（2）明清至民国地方历史

运山城在明清至民国时期也经历了不同性质的多次战争，一方面是民间自发的保护行为，例如抵御四川地区的“姚黄贼”，正是民间保甲制度的一种体现，在抵抗流寇匪盗方面发挥重要作用。另一方面也体现了农民起义军与政府之间的对抗，比如张献忠在四川地区的活动，政府出兵镇压农民起义，维护地方统治稳定。同时还是新民主主义革命史的见证。正是寨堡的修建，使得民众能够在战乱时期保证生命得以延续，而四川地区的寨堡在民间避难场所中所发挥的作用更加显著。因此，研究巴蜀地区近千年的治乱历史，运山城是最好的切入点和实物见证之一。

2. 考古价值

运山城在南宋时期抵御蒙古铁骑、延缓宋祚中发挥了重要作用，给后世这一区域的人们留下了宝贵遗产。这种遗产既有精神层面的，也有物质层面的。在精神层面留下了利用丘陵多山的特殊地形构筑山寨可以成功抵御战乱和匪患的成功经验，在物质层面直接留下现成避乱场所。

笔者在实地调查中发现城门 11 处、龛窟类遗迹 7 处、洞窟类遗迹 2 处、题刻类遗迹 16 处、城墙遗迹 8 处 10 段、保护较好的早期建筑 2 处。

运山城上的城门、城门附近整石开凿出的石梯、利用天然崖洞开凿出的具有军事作用的瞭望平台，这些都为研究冷兵器时代的战争情况提供了生动翔实的资料。运山城东门更是目前巴蜀地区乃至全国范围内保留的为数极少的宋代城门，可作宋代城门标型器，具有重要的考古价值。

运山城上不仅有较大的窟，也含较小的龛，主要以摩崖龛为主。这些窟龛，不仅形制不同，题材也不尽相同，既有民间流行土地神，也有观音、佛陀等，并且另一个特点就是在重要的城门附近都会分布有土地龛、山神龛或观音龛，为城内居民的精神信仰提供了重要载体。

建筑类遗存保留着独特的川东民居特色，如穿斗式木结构、悬山顶、竹编泥墙、青瓦屋面、白灰粉墙等特征。还发现了作为建筑构件带有花纹的石砖，而且很有地方特点，这也是进行建筑考古研究的重要关注对象。

除此之外，还发现有磨制石刀、瓷器碎片、陶器碎片和瓦当残片，这些对于研究当地历史发展进程也有一定的价值。

运山城遗址，遗留有丰富的历史文化资源和自然资源，是今人宝贵的财富，如何做好保护、研究与利用工作，今天仍然是摆在大家面前的主要任务。

3. 信仰价值

在运山城的实地考察中发现了与宗教有关的石刻多处，其中以佛教崇拜为主，例如地藏岩龛、观音洞佛龛。在主流的信仰之外还保存了大量的民间神仙信仰，如东门附近的土地龛、西门观音洞题刻等。这些龛窟和题刻大多以民间信仰的土地神为主，在一定程度上也反映出了当地的人员居住情况。《蓬安县志稿》中有关宗教的记录，也详细说明了该地区的宗教信仰具有多种性特点。宗教信仰在一定程度上是当地民众生活的一个侧面反映，多重宗教信仰反映了该地区长期战乱的事实，为研究该地区社会生活史提供了补充资料。

4. 艺术价值

运山城遗址的艺术价值主要体现在两个方面：一是“宝祐纪功碑”的书法价值，二是老观音石窟的雕刻艺术。

宋代是我国书法发展的一个高峰期，唐代规矩森严、磅礴大气的书风到了宋代风貌为之一变，显得意趣盎然、挥洒自如，文人气息浓厚。“宝祐纪功碑”书写作者不详，但根据当时战争形势而言，肯定不是当时著名书法家，从文字表达看也不是蒲择之或张大悦，大约是一个幕僚所书。全文用语简洁，叙事清晰，逻辑分明，读来朗朗上口、铿锵有力，显示了作者较高的文化素养。字体为楷书，因为这是一篇面向中下层人士和群众、官兵的纪功碑，起着鼓舞士气的作用，需便于读者认识，因此不宜使用行书、草书之类难以释读的字体。同时楷书端庄大气，能体现宋军的浩然正气和不屈气质。

从结体来看，字体大体为方形，字形端正，笔画深峻、笔道有力，中宫略收，张力十足。其10厘米左右的字径和超过10平方米的幅面，使观者油然而生一股豪气。纵观巴蜀地区所有宋元城堡，唯南川龙岩城巨幅摩崖可与之媲美，但后者保存状况远不及此。

因此，“宝祐纪功碑”独具三长：书法刚劲、体量硕大、文辞豪迈，实为一件难得的宋代摩崖杰作。

摩崖造像在四川广为分布，明清时期的造像更是随处可见。不过就整体而言，明清造像在艺术水平上已远逊于唐宋，多为粗制滥造之作，优秀的作品百无一见。虽然老观音龛造像已经不存，但优美的龛楣等装饰让人眼前一亮。龛楣为檐帐形，由上下两层构成，下层横向装饰五个棱格，中间三个略高于两端二个，两端做成垂瓜形，垂瓜柱和上方棱格间有雀替。上层是三个檐板，中间高两端低，与下层装饰相协调。檐帐装饰有忍冬纹、缠枝纹、莲花纹等，细密繁复。龛的两侧有柱，龛下部也有一些装饰，共同营造了安宁祥和的佛国气氛。

（二）旅游价值

1. 运山城资源

（1）文化资源

文化资源是运山城最重要的资源。运山城的文化资源就形态而言，可分为物质文化和非物质文化两类，其中物质文化资源最为丰富。作为遗址，运山城的物质文化资源包括遗迹和遗物两部分。

遗迹的时间从汉代一直延续至20世纪，主要分属宋、明清两个时期。宋代以前遗迹较少，仅发现汉代崖墓一种。宋代遗迹有城墙、城门、敌台、道路、塘堰、寺观、水井、题刻等，明清遗迹主要有城墙、隔离墙、城门、道路、洞窟、造像、题刻等。民国以来的民居也有部分存留至今，仍在使用。20世纪六七十年代修建的微波站虽已不再使用，但遗留下来的各种设施、住房在一定程度上具备了现代工业遗产的价值，同样有保护的必要。见图6-1。

图 6-1　微波站内幽静的小院

运山城遗物众多，整个山顶几乎俯拾皆是。经仔细辨别，其时代延续较长。从采集到的磨制石刀来看，或许早在新石器时代晚期运山城上就已经有了人类在此繁衍生息。运山城宋代的遗物主要有用于建城的石料以及碗、碟、杯等陶瓷器和建筑用瓦，其瓷器有酱釉瓷、青白瓷等。明清以来的遗物多为陶瓷器，以青花瓷碗、盘和陶瓦最为常见。见图 6-2。

运山城还有着宝贵的非物质文化资源。据笔者了解，主要有四件：

第一件，宋蒙战争中的故事。据燕山村老支书讲，在宋蒙战争期间，蒙军围困运山城已好几个月，认为城中一定已经缺水，就派人喊话，说我们知道山上已经没水了，快投降吧。守城宋军哈哈大笑，说待会我们送你一个礼物。一会儿宋军便抛出一条活蹦乱跳的大鲤鱼，说："我们的水多着呢，你们就慢慢等吧。"蒙军大惊，顿时灰心丧气，不得不撤兵了。按照一些文献记载，这个故事原本发

图 6-2　陶瓷器残片

生在钓鱼城，但在运山城百姓中也流行同一母本的故事，不能不让人怀疑此事是否真的也曾发生在运山城。

第二件，红军血战燕山寨的故事。据当地村民姚茂生先生讲，1933 年 10 月，红 9 军 81 团（一说 80 团）一个排和一些游击队员驻扎在运山城上。11 月，杨森的几个营进攻运山城，战斗进行得十分激烈，红军依靠有利地形多次击退敌人。完成阻击任务以后，红军大部撤出，仅留少数人员拖住敌人。最终在敌人飞机大炮的猛攻下，燕山寨失守，大部分战士壮烈牺牲，剩余战士不愿被俘，从滴水岩跳下牺牲。

第三件，老中医晏沄的故事。据潘学茂《名山燕山寨》一文（《蓬安文史资料》第五辑），清嘉庆年间，老中医晏沄在燕山寨上开设药店，远近闻名。晏医生对穷苦百姓格外关照，有钱无钱都可以得到医治，医德高尚，医术精湛。

第四件，燕山曲酒和河舒豆腐。潘学茂《名山燕山寨》文中还提到，民国时期河舒镇人郑景友在燕山寨办起曲酒厂，取燕山寨泉水生产酱香型舒酒，远近畅销。郑景友同时还生产豆腐，因为绵软细嫩、味道鲜美，广受欢迎。在“郑豆腐”基础上发展出来的河舒豆腐如今已享誉中外，成为蓬安的一张饮食名片。

总结起来，运山城文化资源具有如下特点：

第一，延续时间长。运山城的历史或可追溯至新石器时代，至少可到商周时期，中间经历了宋元之际、明末清初、清代中后期及民国几个重要历史阶段，每个阶段皆有相应物质遗存为见证。

第二，类型丰富。如前所述，运山城的物质文化遗存包括军事遗存、宗教遗存、生活遗存、工业遗存等多种类别，其中军事遗存最为丰富，是运山城物质文化遗存的代表。

第三，数量众多。运山城城门达 11 个，城墙保存 300 余米，还有数量众多的隔离墙、敌台、题刻、龛窟等，蔚为大观。遗物更是随处可见，文物部门如着意搜集，必能有所收获。

第四，大气精致。运山城的东门用料巨大，嵌合紧密，规制宏大，十分少见；城墙高达 6 米，巍然高耸；“宝祐纪功碑”幅面达 10 平方米之巨，又立于悬崖之边，需仰视方得见全貌。大气之外，还处处能见精致之处。如宋代城墙石，外大内小，部分石料利用榫卯结构相连接，增加了城墙的稳定性；老观音龛纹饰细密繁缛，一丝不苟。

第五，资源独特。运山城部分遗迹为其他地区少见或不见的，具有独特性。如东门为全国罕见的保存完整的宋代城门，难能可贵的是东门还同时保留了清代改建的痕迹，但改建并未改变宋代城门原貌，只是在内拱中增加了柱子和门楣，这种宋、清两个时期城门的形制在同一个城门中得以完美结合，实在是一件难得的事。清代所建的隔离墙在其他城寨中还未见到，体现了蓬安先民的智慧，弥足珍贵。此外，老观音龛为明清时期巴蜀地区少见的精美龛窟。河舒豆腐品种丰富，味道鲜美，在川菜系统中独具特色。

第六，富有家国情怀。在流传的故事中，不论是宋军在此据守、保家卫国，还是红军战士舍生忘死、献身新中国，又或晏老中医不计名利、悬壶济世，无一不含有浓浓的家国情怀，同时又有一种豪迈、不屈的气概。这种家国情怀在举国上下正为实现中华民族伟大复兴而努力的今天显得弥足珍贵。

（2）自然资源

自然资源方面，运山城也有自己的独特优势。

首先，地貌独特，适合健身。运山城在方圆数十里内巍然耸立，卓尔不群。从县城望去，基座宏大，山顶宽平，在周围丘陵之中十分显眼。据《太平寰宇记》记载，该山经常为云雾缭绕，如同给山披上了一件轻薄的外衣，故运山又有披衣山的名称。运山在地貌上属于桌状山，因此具有山腰平缓、山顶壁立的特点，山形上显得挺拔而稳重，有“远看高入云，近看一展平”的民谚。运山城的山腰下部较平缓，部分地方还有长条形台地，台地土壤深厚，便于耕作。见图 6-3、图 6-4、图 6-5。

图 6-3　从固州寨远望运山城

图 6-4　运山城山顶及崖壁

图 6-5　山腰台地

运山城的海拔为 500 多米，相对高度为 100 余米，距离山下直线距离约 1 千米，沿公路上山约两三千米。这个距离和高度非常适合踏青、步游等健身休闲活动。近山顶的峭壁高度在二三十米，适合开展攀岩等体验活动。

由于运山城相对较高，站立山巅，极目四望，周围山丘逶迤起伏，蓬安县城、河舒场镇尽收眼底，使人大有心旷神怡、飘然若仙之感。

其次，植被茂盛，颇具美感。运山城一带林木繁盛，郁郁葱葱，主要树种有松树、柏树及各种灌木。值得注意的是还有多种果树，如核桃、桃树、李树、柚子树、苹果、梨树等，天生池与东门之间为大片苹果林。山顶微波站内有多株高大核桃，挂果甚多。山顶和山腰民居周围往往栽培慈竹，既能美化环境，又可用于编织篮、筐等家具。运山城上花卉也不少，除常见的各类野花外，还栽培了数亩玫瑰花，为运山城增添了一抹浪漫色彩。农作物有油菜、玉米、小麦、大豆等，还有茄子、南瓜、丝瓜、辣椒、折耳根等蔬菜。每年春暖花开时，油菜花与茂林修竹、竹篱房舍、古城残垣混搭，也是一道难得的美丽风景。见图 6–6、图 6–7、图 6–8、图 6–9。

图 6–6　油菜花开

图 6-7　苹果林

图 6-8　玫瑰园

图 6-9 核桃树

2. 区位优势

运山城位于蓬安县城东南 7 千米左右，距离河舒场镇约 3 千米，东北距营山县城约 15 千米，西南距南充城区约 40 千米。在交通发达和私家车普及的今天，这个距离非常适合一日游。稍远一些，到达州 150 千米，重庆 200 余千米，到成都不到 300 千米，都比较适合节假日两日游。

此外，蓬安拥有铁路和高速公路，蓬安火车站距离运山城仅约 5 千米，南大梁高速的河舒镇出口据运山城仅约 3 千米。正在修建的燕山大道更是将运山城与县城、河舒场镇连接起来，交通更为便利。不仅如此，南大梁高速从运山城旁边经过，巍峨的运山城十分显眼。如在运山城上树立巨大标志，从此经过的车辆很容易发现，利于取得宣介效果。

另外，与运山城性质相同的山城在川渝地区虽然不少，地位相当、遗存丰富者也约有 10 余处，但除合川钓鱼城、金堂云顶城外，其余均未有效开发，也就是说，广大的川中和川东北一带尚无同性质竞争者。因此，运山城的开发契机不可错过。见图 6-10。

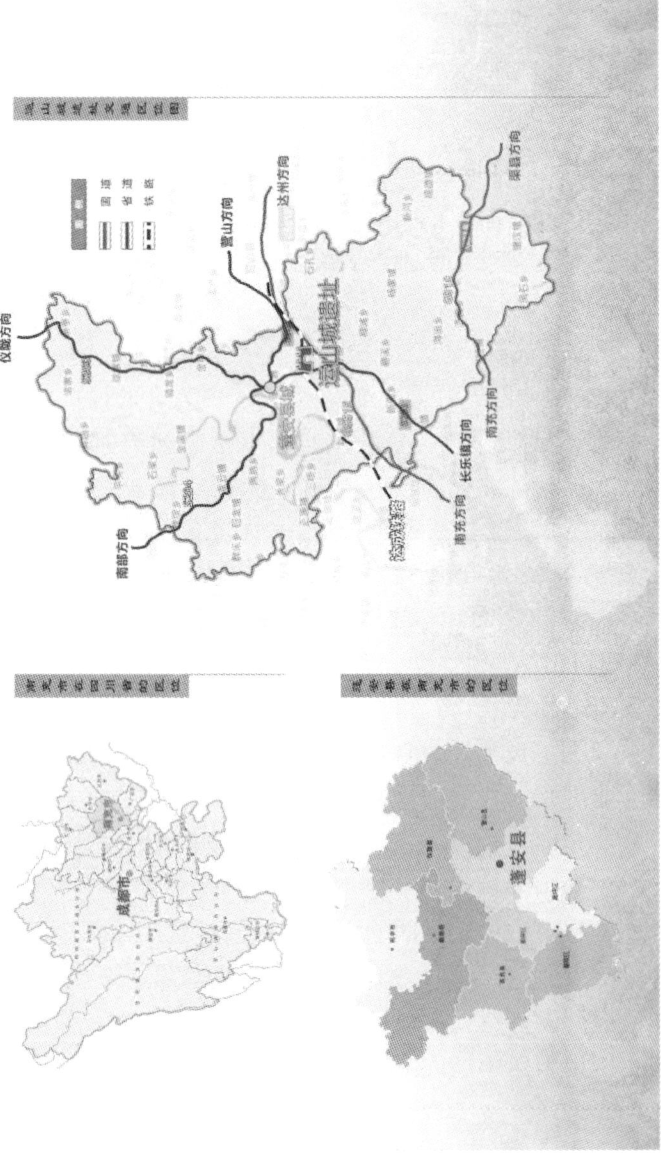

图 6-10　运山城区位图

二、国内外同类山城遗址保护与利用现状

（一）国内外山地城堡

运山城就其性质而言，属于与军事相关的山地城堡，这种城堡在世界各地广为分布，其中不少已列入世界文化遗产名录。据安田先生《广安前锋古城堡研究文集》① 一书统计，全球“世遗”拥有量排名前十的国家中，与古城堡相关的“世遗”数量占 54.4%。因此，运山城这类山地城堡为世界文化遗产委员会所青睐。从全球范围看，欧洲对此类城堡关注较多，保护和利用的程度最高。亚洲地区虽然也有不少此类城堡，但整体上关注不够，列入世界文化遗产的仅高句丽王城、琉球古堡等为数不多的几个。从全球情况看，随着亚洲地位的崛起以及人们对亚洲战争的重视，包括中国在内的山地城堡申报世界文化遗产的前途将十分光明。

（二）四川山城防御体系诸山城

1. 申遗情况

2015 年 7 月，中国土司遗产申报世界文化遗产获得通过。该遗产中贵州海龙囤兴建的背景与宋蒙战争直接相关，实属四川山城防御体系中的一个。2012 年 9 月，钓鱼城遗址被国家文物局列入《中国世界文化遗产预备名单》，目前正全力申遗。2017 年 6 月，重庆方面宣布启动奉节白帝城遗址申报世界文化遗产。因此，四川山城防御体系中的个别山城遗址已经成功申遗，有的则正在申遗。这些申遗的山城没有一个属于四川省，应该引起四川方面的密切关注。因为，四川山城防御体系是一个整体，其中的大部分山城位于

① 安田，杨帆. 广安前锋古城堡研究文集 [M]. 成都：四川大学出版社，2015.

四川省境内。考虑到四川省境内山城在当时的地位和遗址保存现状等因素，的确难以单独与钓鱼城和白帝城相提并论，因此最好的策略是与重庆境内山城捆绑申遗。建议选取蓬安运山城、金堂云顶城、泸州神臂城、广安大良城、剑阁苦竹隘、苍溪大获城、南充青居城等遗址与合川钓鱼城捆绑申遗。

2. 文物保护级别

据笔者对 40 座宋蒙山城遗址文物保护级别的统计，26 座列入了文物保护单位。其中全国重点文物保护单位 4 处：合川钓鱼城、奉节白帝城、万州天生城、泸州神臂城；省级重点文物保护单位 11 处：重庆城（通远门及城墙）、江北多功城、云阳磐石城、金堂云顶城、渠县礼义城、通江得汉城、巴中平梁城、平昌小宁城、达州龙爪城、广安大良城、广安小良城；市县级重点文物保护单位 11 处：蓬安运山城、巫山天赐城、忠县皇华城、富顺虎头城、合江安乐山城、兴文凌霄城、南充青居城、剑阁苦竹隘、苍溪大获城、乐山三龟九顶城、大竹荣城。

从上面的统计可以看出，宋蒙山城遗址作为一个整体尚未得到社会各界的充分重视，大量山城遗址尚未列入文物保护单位，部分山城遗址保护级别偏低。就运山城而言，目前仅为市县级文物保护单位，明显偏低，这主要由过去未对其进行全面深入的调查和研究所致。笔者认为，应当着力提升其文物保护级别，原因有二：第一，运山城在南宋时期为“八柱”之一，地位很高。第二，遗存丰富，价值突出。据笔者调查结果看，新发现大量城墙、城门、敌台等遗迹，远远超过过去人们对它的了解。横向比较，其历史地位和现有遗存均可与上述省级重点文物保护单位山城媲美，甚至有过之而无不及。因此，运山城遗址应尽快申报省级重点文物保护单位，并进一步申报国家级重点文物保护单位。运山城所在的燕山村也可申报各级历史文化名村和传统村落。

三、建设运山城遗址公园的设想

遗址公园是在历史遗址或基址之上的创意建设，是以传承历史文化遗产为主要特征的、满足现代人多层次需求的公共性园林景观。现代文化遗产保护理念要求让文化遗产活起来，而不是放在柜子里陈列，也不是用围墙和铁门锁闭起来的所谓“保护”。如何活起来？这就需要公众广泛参与到文化遗产的保护、管理和利用中去。因此遗址公园这种新型的保护、开发模式便应运而生。

运山城是一个有突出历史文化遗产价值的遗址，为满足群众学习、休闲的需求，遗址公园是一个最合适的保护、开发模式。运山城遗址公园作为川东北一带唯一、四川少有的一个遗址公园，在建成后将具备较大的吸引力，能够对川东北区域旅游市场注入新鲜元素，并为其他地区遗址公园的建设提供借鉴。

遗址公园建设必须以文物保护为第一原则，在此原则下进行适度建设，以满足各项活动的需要，决不能因片面追求经济利益而伤害文物本身。

根据运山城遗迹分布以及周边地形地貌、交通路线，可以划定以运山山顶为核心的周边范围约数平方千米为园区。园区粗分为两个区域，外城墙内为核心区，核心区内以文物遗存展示为主要功能，适当修复城墙、城门等，并对现有文物进行合理保护，利用现有微波站建筑修建博物馆和休闲设施，在近山顶处环山修建游览栈道，同时美化核心区景观。核心区外为休闲娱乐区和产业集中区，修建游客中心、登山步道、景观园林等设施。

第七章 运山城诗文辑录

yunshancheng
shiwen jilu

一、文

01. 修建运山城记

杨大渊

淳祐五年乙巳三月，奉大阃来守蓬。越明年夏，拜宸命特该维兹山城，制置大使尚书余公躬履相视，经始创建。大渊视事之初，慨郡治弗称。于是拓公宇，建丽谯，区别民居，分画市井，增筑城壁，凿开四水池。自东至南门，西至北门，宏创敌楼，辅以更楼凡五十余座。明年，筑大蓬坎之基，三敌楼雄架其上。又明年，改辟东门，悬峭千尺，环城壮势具矣。载念文事当修，亟起郡学、立孔殿，寺观、神祠咸鼎新之。是役也，皆本郡人上下一力，毫发靡劳于民，期无负任使责成之意。因纪颠末，以诏无穷□，淳祐十一年七月杨大渊书。

正德《蓬州志》卷七《古迹》

按：诸多现有研究皆称其为“蓬州移治碑”，然从题刻内容看，所述乃杨大渊修建运山城之事，并非所谓“移治”，故更名为“修建运山城记”。明正德《蓬州志》卷七《古迹》以及清光绪《蓬州志》卷十五《艺文篇》记载了此摩崖题刻情况，并均有录文，但两者略有差异，可互相补充。清光绪《蓬州志》录文还保留了题刻原格式，且录出了杨大渊的官职，即利州“东路马步军副总管知蓬州军州兼管内劝农营田事节制屯戍兵马”，当系实地抄录，详见本书第三章第一节。

02. 宝祐纪功碑

佚　名

宝祐甲寅秋八月，今」制使西清蒲公檄三泉张侯大悦摄蓬郡，」民安其政。越明年夏，值鞑侵入，伺东城门」弥旬，意叵测。侯不恃险而忽备，惟整静以」待之。竟不果犯，引去。」宪漕开国施公目击其事，器侯为能，请于」宣制，梱以正辟闻于」朝。秋，梱令调兵增戍。侯会诸头目，议峻」东门之险，屯戍部辖袁昇、廖友兴、黄拱、蒲」叔洪，并本部蔡世隆、牛国才、冉雄飞等咸」欣然曰诺。遂以八月涓吉简工，役食制廪。」凿崖通道，辟重门，拓旧址而崇之，架楼橹」其上。阖城文武官吏士民与相其役，三□」月而成。洎冬涉春，哨骑再来则不敢轻也。」是役也，备胜势，折虏谋。佥谓侯之功□□，」然书功非侯意也。岁丙辰夏，仆以□□□」抵郡，顾瞻营缮，气象一新。因谕□□□□」叚劳绩，宜磨坚珉，师言允谐，用□□□。」宝祐四年八月吉日，从政郎利路□□□□。」

按：“宝祐纪功碑”是运山城内面积最大、价值最高的一幅摩崖题刻，主要记载了宝祐三年（1255年）蒙军试图攻打运山城的史实，重点介绍了当时蓬州守将张大悦加固东门城防之经过。其位于运山城补修路碑右侧。宽375厘米，高270厘米，碑刻朝向：南偏西30°。该碑为摩崖楷书，共计19行，每行8~16字不等，共278字，字径8~15厘米。原碑无标题，此题为后世添加。

03. 蓬州说

查许国

东海之上，有蓬莱道山。其形秀发，芝草琅玕。琼楼朱阁，高高下下，巢无鞅之神仙。西王阿母，龙翔凤骞，霓旌羽盖，时节往还。上元夫人，宝髻三角，余发垂腰，偏为王母之所怜。其他侍卫、玉女、芳童、绿鬟，黄金结骨，白玉炼颜，畅饮流霞，高诵琅篇，云璈妙曲，韵音寒泉，长生久，不知其几千万年。惟咸安郡名之曰蓬者，以郡东南之山，有蓬莱之象焉。

绍兴改元孟夏初吉，海陵查许国作文叙述。淳熙戊戌中春，义苑刻石。

民国《蓬安县志稿》卷十八《金石》

按：此刻现已不存。民国《蓬安县志稿》以其与后文所录白居易诗皆为义苑书刻，遂并为一目曰“云山石壁宋人题刻”。今分录诗文，以便解读。

04. 云山石壁元人题名

庚寅至正十年，蓬州达鲁花赤因公暇」省东郊，偕僚属登临」古云山城，留题名石壁，以纪岁月云耳。」领□□ 蓬州达鲁花赤燕山廉安山□□」省除蓬州吏目□□□□□□□□□□□」前大足县典史咸安张兴□□□□□□□」州□侯 吕□□□□□蒙古□□□□」

向□吴□李□典史黄孟洪□□□」商税　大使锦城李瑛、副使凤翔薛□□」至正十年三月十三日，披衣寺□□□□」异日荣观。」

民国《蓬安县志稿》卷十八《金石》

按：此刻现已不存。

05. 张大悦传

张大悦凤翔宝鸡人，宋宝祐间守蓬。元中统中，官至阆、蓬、广安、顺庆、夔府等路右副都元帅，封咸安郡侯，枢密副使。商挺撰墓碑称："蓬之俗少商贾，多文士，务农力田，公能安之而不废也。"卒葬于蓬。

正德《蓬州志》卷八《名宦》

06. 张德润传

张德润，大悦子，四川等处行中书省右丞，袭咸安郡侯。按《州学记》称，德润倡义捐俸以饰圣贤像及建左右庑，则德润尝继父守蓬矣，亦葬于蓬。

正德《蓬州志》卷八《名宦》

07. 杨大渊传

杨大渊，天水人也。与兄大全、弟大楫，皆仕宋。大渊总兵守阆州。岁戊午，宪宗兵至阆州之大获城，遣宋降臣王仲入招大渊，大渊杀之。宪宗怒，督诸军力攻，大渊惧，遂以城降。宪宗命诛之，汪田哥谏止，乃免。命以其兵从，招降蓬、广安诸郡，进攻钓鱼山。擢大楫为管军总管，从诸王攻礼义城。己未冬，拜大渊侍郎、都行省，悉以阃外之寄委之。

世祖中统元年，诏谕大渊曰："尚厉忠贞之节，共成康乂之功。"大渊拜命踊跃，即遣兵进攻礼义城，掠其馈运，获总管黄文才、路钤、高坦之以归。二年秋，调兵出通川，与宋将鲜恭战，获统制白继源。秦蜀行省以大渊及青居山征南都元帅钦察麾下将校六十三人有功，言于朝。诏给虎符一、金符五、银符五十七，令论功定官，以名闻。三年春，世祖命出开、达，与宋兵战于平田，复战于巴渠，擒其知军范燮、统制魏兴、路分黄迪、节干陈子润等。

先是，大渊建言，谓取吴必先取蜀，取蜀必先据夔，乃遣其侄文安攻宋巴渠。至万安寨，守将卢埴降。复使文安相夔、达要冲，城蟠龙山。山四面岩阻，可以进攻退守。城未毕，宋夔路提刑郑子发曰："蟠龙，夔之咽喉，使敌得据之，则夔难守矣，此必争之地也。"遂率兵来争。文安悉力备御。大渊闻有宋兵，即遣侄安抚使文仲将兵往援。宋兵宵遁，追败之。秋七月，诏以大渊麾下将士有功，赐金符十、银符十九，别给海青符二，俾事亟则驰以闻。其后赏合州之功，复赐白金五十两。大渊欲于利州大安军以盐易军粮，请于朝，从之。

冬，大渊入觐，拜东川都元帅，俾与征南都元帅钦察同署事。大渊还，复于渠江滨筑虎啸城，以逼宋大良城，不逾时而就。四年，宋贾似道遣杨琳赍空名告身及蜡书、金币，诱大渊南归。文安擒之以闻，诏诛琳。五月，世祖以大渊及张大悦复神山功，诏奖谕，仍赐蒙古、汉军钞百锭。

至元元年，大渊进花罗、红边绢各百五十段。诏曰："所贡币帛，已见忠勤，卿守边陲，宜加优恤。今后以此自给，俟有旨乃进。"既而大渊擅杀其部将王仲，诏戒敕之，令免籍仲家。冬十月，大渊谍知宋总统祁昌由间道运粮入得汉城，并欲迁其郡守向良及官吏亲属于内地，乃自率军掩袭。遇之于椒坪，连战三日，擒祁昌、向良等，俘获辎重以数千计。明日，宋都统张思广引兵来援，复大破之，擒其将盛总管及祁昌之弟。二年，大渊遣文安，以向良等家人，往招得汉城，未下。四月，大渊以疾卒。八年，追封大渊阆中郡公，谥肃翼。

子文粲，袭为阆蓬广安顺庆夔府等路都元帅。兄子文安。

《元史》卷一六一

08. 杨文安传

文安字泰叔，父大全，仕宋守叙州。壬寅，国兵入蜀，大全战死，赠武节大夫、眉州防御使，谥愍忠，官其长子文仲。文安方二岁，母刘氏鞠之，依叔父大渊于阆州。戊午，宪宗以兵攻大获，大渊以郡降，授侍郎、都行省，文仲亦授安抚使。

中统元年，授文安监军。攻礼义城，杀伤甚众，夺其粮船，绕出通川，获宋将黄文才、高坦之。二年，复出通川，与宋将鲜恭大战，擒统制白继源。三年，出开、达，战屡胜，擒知军范燮、统制魏兴、黄迪、陈子闰等。授文安开达忠万梁山等处招讨使。军于巴渠，万安寨主卢植降。遂筑蟠龙城，以据夔、达要路。宋兵来争，相持半月，文仲以兵来援，宋兵宵遁，文安追击，大败之。四年，佩银符，升千户，监军如故，进筑虎啸城，以困大良。

至元元年，宋都统张喜引兵攻蟠龙，大战，败之。喜潜师宵遁，出得汉城，文安遣兵追袭，又败之，擒裨将陈亮。复筑方斗城，为蟠龙声援，令裨将高先守之。宋兵攻潼川，行省命文安赴援，败宋师于射洪之纳坝，斩获甚众。宋都统祁昌以重兵运粮饷得汉，且迁其官属于内地。大渊命文安先邀之，昌立栅椒原以守，合兵攻之，连战三日，获祁昌，俘得汉守臣向良家属，以招良，良以城降，以所俘献阙下。

二年，改授金符，仍前职，还攻宋开、达等州，擒其统制张刚、总管伏林。八月，宋兵由开州运粮饷达，文安率奇兵，间道邀击之，获总管方富等。行省上其功，命充夔东路征行元帅，令以前后所俘入见。诏赐黄金、鞍马有差。还，攻夺宋金州断虎隘，杀其将梁富，擒路钤、赵贵等。

三年春，与千户李吉等略开州之大通，与宋将硬弓张大战，获统制陈德等。冬，总帅汪惟正遣其将李木波等由间道袭开州，文安遣千户王福引兵助之。福先登，破其城，宋将庞彦海投崖死，擒副将刘安仁，留兵戍其地。宋诸路兵来救，围城三匝，筑垒城外，文安密遣人入城，谕以坚守。四年春，行省命文安往援，即率兵断其粮道，宋兵战甚力，飞矢中文安面，拔矢力战，大破之，杀其将张德等。二月，文安以创甚，还蟠龙，宋兵遂复开州。文安乃遣总把马才、杨彪掠达州卢滩峡，与宋兵遇，擒其将蒲德。

五年，文仲卒，诏文安就佩金虎符，充阆州夔东路安抚使军民元帅，仍相副都元帅府事。阆州累遭兵变，户口凋耗，文安乃教以耕桑，鳏寡不能自存，愿相配偶者，并为一户充役，民始复业。冬，遣千户马才、张琪略达州，擒宋将范伸、王德、解明等。六年，遣蔡邦光、李吉、嵇永兴，略达州之朱师郑市，擒总管周德新、裨将王迁。秋，遣总把王显略达州之泥坝，擒总管张威。冬，遣兵掠大宁之曲水，擒副将王仁。

七年，从严佥省攻重庆，大战于龙坎，败宋兵。攻铧铁寨，擒其将袁宜、何世贤等。捷闻，诏赐白金、宝钞、币帛有差。秋，攻达州之圣耳城，擒宋将杨普、时仲，芟其禾而还。又遣元帅蔡邦光略开州，擒宋将陈俊。冬，文粲入见，帝谕之曰："汝兄弟宣力边陲，朕所知也。"进文安阶为明威将军。

八年春，遣蔡邦光攻达州，战于圣耳城下，擒其将蒲桂。又战开州之沙平，擒其将王顺。时宋以朱禩孙帅蜀，禩孙，阆人也，数遣间谍，动摇人心，文安屡获其谍，阆州竟无虞。秋八月，文安会东川统军匣剌攻达州，三战三捷。寻遣千户嵇永兴攻开州，战于平燉、曲水，擒总管王道等。军还，以所俘入见。帝深加奖谕，擢昭勇大将军、东川路征南招讨使，赐金银、宝钞、鞍马、弓矢、币帛有差。

九年秋，领军出小宁，措置屯田，遣韩福攻达州九君山，擒宋将张俊。遣元帅蔡邦光会蓬州兵，邀宋师于永睦，战胜之。复遣嵇永兴、杨彪追袭宋裨将刘威等，破圣耳外城，获寨主杨桂，纵兵焚掠而还。九月，筑金汤城，以积屯田之粮，且以逼宋龙爪城。虑宋兵必来争，遣韩福出兵通川，以牵制之，与宋兵遇于锉耳山，败之，俘总管蔡云龙等。出达州牛门，断宋兵回路，擒总管李佺、李德。宋兵输粮达州，遣兵于卢滩峡邀击之，擒统制孙聪、张顺等。

夏，遣元帅李吉略开州，战于泻油坡，擒其提举李贵，及石笋寨主雍德。宋兵复由罗顶山输粮开、达，遣蔡邦光、李吉伏兵遮之，擒裨将吴金等，覆其粮船。闰六月，蓬州兵攻拔龙爪城，东川统军司命文安兼领之。时蓬州兵已去，宋都统赵章复来据之，且出兵迎敌，文安与战，破之，擒总管王元而还。秋，宋都统阎国宝、监军张应庚，运粮于达州，文安邀之于泻油坡，夺其粮，并擒二将。宋开州守将鲜汝忠邀遮归路，与战败之，获总辖秦兴祖、谭友孙。

十一年春三月，文安率军屯小宁，得俘者言，鲜汝忠等将取蟠龙之麦，即遣千户王新德、杨彪等散掠宋境，文安自戍蟠龙以备之。李吉略由山，战于城下，擒其将叶胜。遣蔡邦光、杨彪掠竹山寨，与赵统制战，擒其将郑桂、庄俊。秋，与蒙古汉军万户怯必烈等，攻宋夔东，拔高阳、夔、巫等寨，擒守将严贵、窦世忠、赵兴，因跨江为桥，以断宋兵往来之路，宋兵来争，战却之。还攻牛头城，以火箭焚其官舍民居。十一月，遣蔡邦光略九君山，擒其将孙德、柳荣、赵威。

时宋以鲜汝忠、赵章易镇开、达二州，而汝忠家属尚留开。文安曰："达未易攻，若先拔开州，俘其家属，以招汝忠，则达可不烦兵而下矣。"乃遣蔡邦光率千户呼延顺等，往攻开州，而盛兵驻蟠龙，以为声援。十二年正月，诸军夜衔枚，薄开州城下，遣死士先登，斩关以入，及城中人知，则千户景畴已立旗帜于城之绝顶矣。宋军溃散，擒赵章，而守将韩明父子犹率所部兵巷战，力屈，亦就擒。文安迁汝忠家属于蟠龙，遣元帅王师能持檄往达州招之曰："降则家属得全，不降则阖城涂炭，汝宜早为计。"汝忠遂遣赵荣来约降，王师能以兵入据其城。汝忠率所部将士，诣文安军门降，悉还其妻孥财物。赵章子桂楫，守师姑城，遣兵招之，亦降。独洋州龙爪城守将谢益固守，并力攻之，擒统制王庆，益弃城走。于是遣元帅李吉、嵇永兴，千户王新德等，将兵以鲜汝忠往招由山等处八城，皆望风迎降，凯还。遣经历陈德胜以鲜汝忠、赵桂楫等十余人献捷京师。帝悦，加授文安骠骑卫上将军，兼宣抚使，赐钞一千锭；文粲加授镇国上将军。

文安寻遣其兄子应之，往招都胜、茂竹、广福三城，自将大军，以为声援，皆降之。秋七月，兵至乐胜城，宋将蒲济川降。进攻梁山，宋将袁世安坚守。文安焚其外城，梁山军恃忠胜军为固，力攻拔之，杀守将王智，擒部辖景福，围梁山四十日，世安随方备御，竟不降。文安乃移兵攻万州之牛头城，杀守将何威，迁其民，进围万州，守将上官夔战守甚力，文安乃遣监军杨应之、镇抚彭福寿，会东川行院兵，出小江口以牵制援兵，果与之遇，战败之，擒总管李皋、花茂实等。万州固守不下，文安乃解围去。攻石城堡，谕降守将谭汝和；攻鸡冠城，谕降守将杜赋；又招石马、铁平、小城、三圣、油木、牟家、下隘等城。冬，进白帝城，夔帅张起岩坚守不出，文安以师老，乃还。宋都统弋德复据开州，文安乃筑城神仙山以逼之，令元帅蔡邦光、万户纪天英屯守。

十三年，进阶金吾卫上将军，赐玉带一。夏，朝廷遣安西王相李德辉经画东川课程，宋梁山守将袁世安遣使约降。文安以白德辉，德辉大喜，即遣文安将兵，奉王旨往招之，世安遂降。秋七月，进军攻万州。遣经历徐政谕守臣上官夔降，夔不从，围之数匝，逾月，攻拔外城。夔守张起岩来救，遣镇抚彭福寿迎击，破之，尽杀其舟师，俘其将宋明。万州夺气，文安复传王旨，谕夔使降，夔终不屈。文安尽锐攻城，潜遣勇士梯城宵登，斩关而入，夔巷战而死。万州既定，遣使招铁檠、三宝两城守将杨宜、黎拱辰降，分兵略施州，擒统制薛忠，会大雪，遣蔡邦光夜攻，杀守帅何艮，夺其城。

十四年夏，进兵攻咸淳府，时宋以六郡镇抚使马堃为守，文安与堃同里闬，谕之使降，堃不从，乃列栅攻城，冬十二月，潜遣勇士蹑云梯宵登，斩关纳外兵，堃悉力巷战，达州安抚使鲜汝忠与宋兵力战死，比晓，宋兵大败，堃力屈就擒。十五年，进兵攻绍庆，守将鲜龙迎敌。二月，潜遣勇士，夜以梯冲攻破其北门，鲜龙大惊，收散卒力战，兵败就擒。

蜀境已定，独夔坚守不下。朝廷命荆湖都元帅达海，由巫峡进兵取夔州，而西川刘佥院，挟夔守将亲属往招之。文安乃遣元帅王师能，将舟师与俱，张起岩竟以城降。夏，入觐，文安以所得城邑绘图以献，帝劳之曰："汝攻城略地之功，何若是多也！"擢四川南道宣慰使，解白貂裘以赐之。

十七年，遣辩士王介谕降散毛诸洞蛮，以散毛两子入觐，因进言曰："元帅蔡邦光，昔征散毛蛮而死，可念也。"帝曰："散毛既降而杀之，其何以怀远！"乃擢蔡邦光之子，升为管军总管，佩虎符，赐散毛两子金银符各一，并赐其酋长以金虎符。遥授文安参知政事，行四川南道宣慰使。十九年春，入觐，擢龙虎卫上将军、中书左丞，行江西省事，到官逾月，以疾卒。

子艮之，袭佩虎符、昭勇大将军、管军万户，历湖南宣慰副使，岳州路总管，卒。

《元史》卷一六一

09. 汪德臣传

德臣，赐名田哥，字舜辅。年十四，侍太子游猎，矢无虚发。袭爵巩昌等二十四路便宜都总帅，从征蜀，将前军出忠、涪，所向克获。进攻运山，率麾下先，所乘马中飞石死，步战，拔外城。宋将余玠攻汉中，德臣驰赴之，玠闻，遁去。

宪宗素闻其名，及入觐，所陈悉嘉纳，赐印符，命城沔州。沔据嘉陵要路，德臣缮治室庐，部署官属，数日而集。进攻嘉定，敌潜军夜出，德臣迎战，杀百人。还至左绵云顶，宋军乘夜斫营，觉之，杀千人，生擒百人。进次隆庆，宋军仍夜出，与力战，尽杀之。及马漕沟，遇伏兵，与战，获其统制罗廷鹗。又诏德臣城益昌，诸戍皆听节制。世祖以皇弟有事西南，德臣入见，乞免益昌赋税及徭役漕粮、屯田为长久计，并从之。即命置行部于巩，立漕司于沔，通贩鬻，给馈饷。奏乞以兄忠臣摄府事，使己得专事益昌。益昌为蜀喉襟，蜀人惮其威名，诸郡环视，莫敢出斗。

甲寅春，旱，嘉陵漕舟水涩，议者欲弃去，德臣曰：“国家以蜀事托我，有死而已，奈何弃之！”尽杀所乘马犒士。袭嘉川，得粮二千余石。云顶吕达将兵五千邀战，即阵擒之，复得粮五千石。既而鱼关、金牛水陆运偕至，屯田麦亦登，食用遂给。

夏，获宋提辖崔忠、郑再立，纵令持檄谕苦竹，守将南清以城降，所俘城中民，悉归之。东南戍卒数百有去志，德臣揣知之，给券纵去，皆泣谢。未几，山寨相继输款。宋将余晦遣都统甘闰，以兵数万城紫金山，德臣即选精卒，衔枚夜进，大破之，闰仅以身免。南清北觐，其下杀清妻子以叛，蜀将焦远领兵饷之，德臣击败远，尽获所饷资粮。冬，蜀兵二万复至，又败之，获粮百余艘。鱼关至沔水，迂回为渡百有八，至是，悉为桥梁。

戊午岁，帝亲征，次汉中，德臣朝行在所。初，诸路军成都，猝为宋人所围，德臣遣将赴之，约曰：“先破敌者，奏领此城。”围遂解。诏候江南事定，如约以城与之。帝幸益昌，驻北山，谓德臣曰：“来者言汝立利州之功，今见汝身甚小，而胆甚大，不知敌曾薄汝城否？”德臣对曰：“赖陛下洪福，未尝一来。”帝曰：“彼惮卿威名耳。”赐金带，且俾立石纪功。嘉陵、白水交会，势汹急，帝问：“船几何可济？”德臣曰：“大军百万，非可淹延，当别为方略。”即命系舟为梁，一夕而成，如履坦途。帝顾谓诸王曰：“汪德臣言不虚发。”赐白金三十斤，仍命刻石纪功。苦竹既逆命，至是攻之，岩壁峭绝，或请建天桥，帝以问德臣，曰：“臣知先登陷阵而已，建桥非所知也。”既而桥果无功。乃率将士鱼贯而进，帝望见，叹曰：“人言其胆勇，岂虚誉邪！”宋将赵仲武纳款，而杨礼犹拒战，奋击，尽杀之。德臣微疾，帝劳之曰：“汝疾皆为我家。”饮以葡萄酒，解玉带赐之，曰：“饮我酒，服我带，疾其有瘳乎！”德臣泣谢。宋龙州守将王德新，遣所亲愿效顺，以郡民为祈，奏如其请。进攻长宁，拔之，斩守将王佐。

帝东下，德臣为先锋，抵大获山，夺水门。宋将杨大渊遣子乞活数万人命，引至帝前为请，旦日，大渊率众降。已而运山、青居、大梁皆降。攻钓鱼山，守臣王坚负险，五月不下，德臣单骑至城下，大呼曰："王坚，我来活汝一城军民，宜早降！"语未既，几为飞石所中，遂感疾。帝遣使问劳，俾还益昌，奏曰："陛下尊为天子，犹冒寒暑，服劳于外，臣待罪行伍，死其分也。"又遣丞相兀真赐汤剂，卒不起，年三十有六。中统三年，追封陇西公，谥忠烈。

子六人：长惟正；次惟贤，大司徒；惟和，昭文馆大学士；惟明，以质子为元帅；惟能，征西都元帅；惟纯，权便宜都总帅。

《元史》卷一五五

10. 汪忠烈公（德臣）神道碑

王　鹗

自古创业之君，诞受天命，肃将天威，庇天罚，成天功，期于统一四海，为子孙立万世之基。虽列圣相承，指受方略，而中原豪杰英伟之士，云龙风虎，乘时崛起，必有戮力悉心相与助焉者耳。国朝肇造，其人实多。山西将种所出，天下公论，莫不以襄武汪氏为首称。汪本姬姓，宋末金初，世掌盐川之一隅汪骨族，因氏焉。西土用兵，有擢倅临洮者，以义勇闻。若子若孙分列旁郡，声震夏蜀，未尝远徙。天兴之乱，其考世显知巩昌以保石门，国亡再期，而守节不变。迨皇太子阔端重兵压境，示以蔡破之验，乃东首号哭尽哀，然后率众归降。世显自劾，久抗王师，非军民罪，请释勿问。太子嘉叹慰劳，令其下秋毫无犯，盖所从活者数十万众。自尔从征，略无虚岁。以劬劳得疾，竟至不起。享寿弗永，朝议惜之。

后追封陇西公，谥“义武”。遗奏以仲子德臣嗣。字舜辅，赐名田哥，即忠烈公也，太夫人潘氏所生。幼嗜学，为师门赏识。义武公有子七人，见公性倜傥，有志节，尝以远大是期。十四遣使太子，视之如己子，数从田猎，矢无虚发，由是益奇之。岁癸卯，义武公薨，命袭父爵，佩虎符，时年二十有二。秋，领兵入蜀，援泸而还。己巳，出忠涪，将前军，所向克捷。丙午，攻运山，率其步卒直前。俄飞石毙所乘马，步拔外城，其弟直臣死之。戊申，讨西羌，越松盘始旋师。公出则前驰，入则殿后，每有功。辛亥夏，蜀将余玠寇汉中，公合诸郡昼夜星驰。玠闻公来，设虚寨而遁。秋，先皇帝即位，公直入觐。上稔熟公名，见之喜甚，所陈利病，咸见嘉纳：“赐尔易服，俾仍旧职。”壬子春，奉旨城沔州，沔为嘉陵上游，实取蜀漕源。即葺城雉，置官属，刻日就绪。冬，回抵左绵，而云顶南军夜斫公营，觉之，遂杀千余人，生擒百余人以归。进攻隆庆，军复夜出，公与力战，歼焉。闻都元帅火签儿阻剑门不得前，公从高溪间道夺之，杀伤甚众。及马漕沟，遇伏兵邀我归路，复与之战，又杀数百人，获其统制罗廷鹗。癸丑，诏公城益昌，诸所屯戍皆听节制。时今上皇帝为皇太弟，将有事于西南。公入见，首言益昌之事，祈免徭役、捐课税，运粮屯田，为久贮之计，所请悉从。即命置行部于巩，设漕司于沔，造楮币、给盐引，以通商贩，以贮军储。冬，公奏以兄忠臣摄总府事，使己得专事益昌。于是度地于宝峰，遣弟良臣统税卒千余戍江之南，以为外援。益昌蜀喉，经营之始，百废未完，应援亦寡。然蜀人素惮公威，剑、阆诸州，环视而不敢出。甲寅春，旱，嘉陵水涩，漕运颇艰，诸将议弃之。公尽杀其所乘马分飨将士，劳之曰：“国家以方面付我，有死而已！”遂袭嘉州，得粮二千余石。继略阴平、彰明，而云顶吕达将五千人截战。兵交，擒达，杀千余人，复获粮五千石。寻，金牛以陆运、虞关以水运皆至。营田之麦是岁亦登，食用不匮，众恃以安。然后招逃亡，谨斥堠，行旅通便，市肆翕集，益昌遂为名城。四月，获宋提辖崔忠、郑再生，纵令持檄谕苦竹，守将南清以城降，凡彼之子弟先为我俘者，悉归之。城中复有东南戍卒数百，公知其去志，给券纵之，皆感泣而去。其后山寨相继输款者，怀此义也。五月，蜀帅余晦遣都统甘闰领兵数万城紫金山。未就，公选精骑衔枚夜突，迳破其栅，斩首万余级，溺死者不胜计，润仅以身免。乙卯春，蜀将焦达领兵饷苦竹，公战，败之，悉获所送资粮。十月，军二万复至，又败之，获粮百余艘凯还，人以为神。丙辰，再觐，赐锦衣、名马、金币以宠其归。虞关抵沔，陕水曲折百有八，渡人每痛涉。公委官督，夫匠驾桥栈八千余间，如履坦途，行人歌颂之。戊午，上亲征，次汉中，公朝于行在所。初，诸路军立成都，猝为南人所围。都元帅纽邻索援于公，公遣将赴之，与诸将约曰："先破敌者，奏领此城。"既为我军首溃其围，奏闻，诏："籍记之，江南事定，当以付汝。"冬十月八日，驾幸益昌，驻跸于北山，周览城郭，问："未降山寨去此几何?"公奏："东有巴州，西有大获、长宁，南有剑门、阴平，皆相距不远。"上曰："使来，皆云汝立利州，今朕亲见在敌中，汝身虽小，胆若山大。"问："敌兵曾薄汝城否?"公奏："仗陛下洪福，未尝一来。"上曰："彼畏尔威名耳!"赐以金币，勒功于石。驾临江滨，见嘉陵白水交会，势甚湍急，问用船几何，公奏："大军百万，难于运济，当别议规画。"即令鸠工架舟为梁，一夕而办。上至，顾谓诸王曰："汪总帅言不虚发，今济大江如履平地。"赐白金三十斤，将佐金帛有差，仍命刻石江滨以纪其事。先是，南清以苦竹降，及清北觐，其下杀清家属以叛。至是命攻之。苦竹岩壁峭险，有请建天桥者，上以问公。公对曰："先登陷阵，臣所不辞，桥之成否，臣不敢知。"已而，桥果未成，公躬率将士鱼贯而进，上目击，叹曰："人称汪总帅胆勇，果非虚誉!"南军赵仲武开门纳款，而守将杨礼拒战，我

军奋击，尽殪之，夷其城。公忽微疾，上对诸王劳之曰："尔疾皆为我家。"左持葡萄酒，右执御玉带，曰："饮我所饮，佩我所佩，应厥疾早瘳。"公泣对曰："昨已蒙赐金带，今复赐玉带，愿以前赐分遗同事忽剌术。"上曰："他人宁肯相让?"诏从之。公奏遣人檄谕龙州，守将王德新遣亲信诣公，云："能活一郡生灵，即当效顺。"公奏，受其降。十有一月八日，进攻长宁。拔之，议欲分其众，公奏曰："负固不服，罪在守臣，其众何辜?"止执王佐父子戮之。车驾顺流东下，诏以公为御前先锋，凡有新附城寨诸事，听直臣入奏。至大获山，宋军出护水门，公夺之。是夜，守将杨大渊遣子乞活数万人命，公引之御榻，为之请。诘旦，大渊等率众以降。大渊尝害所遣使，时欲罪之，公请曲赦以劝来者，制可。继运山张大悦迎降，公引见之，吏民安堵。清居、大梁亦望风来附，遂抵钓鱼山。其将王坚素恃江险，公力战，夺战船数百余艘，杀伤不可计。公遣人谕以祸福，攻围凡五阅月不下。公指心自誓曰："吾家累世受恩，常怀不能报。今乘舆所至，诸城风靡，独此旅拒。捐躯图报，正其时也!"单骑逼城下，名呼坚曰："我来欲活汝一城军民耳!"语未既，几为飞石所中，公遂感疾。上遣使问劳，诏还益昌，公辞曰："陛下以万乘之尊，犹冒暑寒，臣待罪戎行，死复何惮!"又遣丞相兀贞赐汤剂，以缙云山寺高爽，命往居之。公虽卧病，见山多大木，犹命工度材造舟，为东下计。俄以疾薨，实己未六月二十一日也，春秋三十有八。上闻，拊髀叹惋，如失左右手。遣军护丧归葬，仍命其子速来："我必有以处之。"巩昌吏民出迎者莫不哀恸。公夫人黄掴氏，以淑贤称。子六人：长惟正，袭便宜都总帅，次惟贤、惟和、惟明、惟能、惟纯。女一适抱。以其年十月葬于古漳，附祖茔也。中统壬戌，嗣子惟正请于朝，追封陇西公，谥曰"忠烈"。

公天资颖悟，见善明，用心刚，事无巨细，裁决适宜。握兵十七年未尝妄杀，宽厚和易，有长者风。孝于亲，友于兄弟，辑睦于宗族，一无间言。轻财乐施，爱恤军民，将士僚佐有疾故，必亲问吊，未尝以富贵骄人。至其莅众驭下，小有弗谨，不加以辞色。凡出师，与士卒同甘苦，遇攻战，则率将校先登，故人乐为之用。士类入樊中者，多所拯拔。虽在军旅，数引儒生诵说经史。每于宾客宴会，必使尽欢。事有关于君国，则夙夜无寐，焦心劳思，故年未强，而须发颁白。初，南征过剑门，呼母弟翰臣，悉以前后玺书畀之，曰："巩昌路已付良臣，府事汝其任之。吾家世受国恩，死其分也。忠孝不两全，傥得死所，汝兄弟善事母太夫人，无俾贻忧。"言讫，跃马就道。观公此言，可谓奋不顾身，志于殉国者矣。公之兄忠臣殁于副都总帅，弟直臣殁于中翼总领，佐臣殁于奥鲁都总领，良臣军前便宜都总帅，翰臣摄其职，清臣率巩昌。兄弟七人，殁于王事者半，可谓忠义一门，虽王青之于汉，卞壶之于晋，宜无少让。

岁丁卯，嗣帅走书数千里，持门下士潘珍所为行状乞铭于余，曰："惟正不孝，不幸先人早逝。世惟平昔为国忠节，身名俱荣，章章在人耳目。窃欲刻诸贞石以慰孝思，非大手无可托者。"予于中统二年承乏翰林，奉旨为"义忠""武烈"作追封谥草，雅知二公之忠。五年，始识今帅于上都。帅来拜谢，且以碑铭见属，予诺之。今兹来请，义不容辞，乃即其状而铭之。铭曰：西州著姓，因官氏汪。一门忠义，烈日秋霜。维忠烈公，嗣总戎行。奉命徂征，所至靡抗。欲下苦竹，先城益昌。长江之险，如一苇杭。铁衣百万，虎贲龙骧。料敌致胜，绩用章章。帝曰汝嘉，待之异常。带以手授，酒以手觞。虎符赫赫，锦衣煌煌。荣宠斯绝，非公孰当？志清蛮瘴，直捣余杭。天胡不憖，坏此栋梁！輀车所至，军民涕滂。赖有贤嗣，绍克馀芳。请谥封爵，存殁有光。追述忠烈，孝思不忘。亭亭丰碑，树之祠堂。子继孙承，公维不亡。

《陇右金石录》卷五

二、诗

01. 大林寺桃花

白乐天

人间四月芳菲尽，山寺桃花始盛开。
长恨春归无觅处，不知转入此中来。

民国《蓬安县志稿》卷十八《金石》

02. 西邱寺

白乐天

性静碧潭秋浸月，神清老桧夜吟风。
四方禅律来何盛，为指曹溪一点通。

淳祐五载仲春望日，义苑书。

民国《蓬安县志稿》卷十八《金石》

按：《大林寺桃花》与《西邱寺》二诗均为云山石壁宋人翻刻白乐天诗，现两刻均已不存。白乐天即唐代诗人白居易。民国《蓬安县志稿》对此刻存疑。录文之后按曰：“云山岩刻白诗，其义安在？然流寓之说，往往因之而起。旧《志》未经考详，辄以白与司马、元、苏同为寓公，疏矣！相如以所居名县，微之有《芳溪馆》之题咏，东坡有《来苏寺》之碑记，皆足征信。乐天则自江州司马迁忠州刺史，其游迹多在巴东，初未尝涉足一至蓬境。传、集具在，乃以此刻为据耶？且与前说（指查许国《蓬州说》）并署义苑，而前在淳熙，此在淳祐，相距七十余年，年远而款同，何也？本无存理，姑存而辨之，以释傅。”其实，义苑刻书以上二诗与查许国《蓬州说》并不难解。淳熙刻《蓬州说》时，义苑在世，故云“刻”；而淳祐或为后人据其所书而翻刻，故曰“书”。由此，义苑当为当时的书法名人，亦或为云山僧人。既然是翻刻，就不必追究白乐天是否来过云山了，完全可能出自翻刻者的喜好。

03. 云山怀古诗

张　相

斗绝悬崖面面同，盘旋危磴上云峰。
昔年城郭空啼鸟，今日山林有卧龙。
苍壁谩遗名士刻，白云时锁梵王宫。
我来未暇无生问，怀古伤秋思万重。

正德《蓬州志》卷七《古迹》

04. 题张丞古墓

徐　泰

屹屹堂封枕北山，何年窆此凿苍顽。
生前事业安危际，死后声名父子间。
华表矗天辽鹤返，荒岂积雨石麟斑。
遗碑读罢斜阳外，时见樵童自往还。

正德《蓬州志》卷七《陵墓》

05. 燕山寨

佚　名

巍巍古寨烟吞云，十里东风引进门。
几家春山绕白水，一林花鸟迷青魂。

邓郁章编《相如故里风光吟》

按：此诗原刻于燕山寨，现无存。

06. 题蓬安燕山古寨

——甲申年十月于燕山古寨口占得之

杨东松

烽火云城十二关，余公去后衰草寒。
堪怜宋帝经营处，万里江山尽蒙元。

邓郁章编《相如古里风光吟》

07. 运山

何剑青

运山缥缈入青冥，天汉分流镜水明。
柳下抡竿无限意，钓风钓雨钓真情。

邓郁章编《相如古里风光吟》

08. 运山观音洞

周子瑜

悬崖深洞供观音，佛法静修能养心。
茂树长藤屏世俗，暗泉流韵若鸣琴。

邓郁章编《相如古里风光吟》

附录

一、一九三三年红军在燕山寨的战斗历程

杨家玥

一九三三年冬，当国民党反动派纠集五十多万大军，向中央苏区发动第五次反革命大“围剿”时，军阀刘湘接受蒋介石任命，就职四川“剿匪”总司令，纠集四川军阀，兵分六路向川陕根据地发动“围剿”。驻广安、岳池、渠县、蓬安之敌杨森所部二十军十二个团，担负第四路围攻，进军路线由蓬安向顶山场、通江方向进攻。杨森担任该路总指挥。

当时驻蓬安县城的杨森二十军第六混成旅十六、十七团和精练营、民练营两股地方反动武装，他们在政治上，竭力进行恐怖和欺骗宣传；在经济上，对苏区实行封锁；在军事上，于嘉陵江西岸沿江修凿战壕，抢筑工事，断绝水上交通。同时，伪县团练局派教练到苏区前沿地方杨家、柳树、杜家、新民、利溪一带大办民团，培植地方武装。杜家显扬寺刘刚修组织的民团达四十人，伪团练局派教练罗有山前往训练，给以正规武器装备，为向红军反扑作准备。

进攻前，杨森驻蓬安县城的两个团，绕道从马回下面的竹林溪（金竹庵）过河，驻扎在利溪、会龙、河舒量金斗一带。敌前线指挥部设在南充县会龙场。十一月十八日，纠集县南兴隆大成之豪绅母坤荣为首的精炼营、河舒豪绅蓝锦为首的民练营，向驻扎在燕山寨上的红军游击队发起进攻。

燕山寨，海拔五百八十八米，山顶约五平方华里。四面悬崖绝壁，只有羊肠小道从东、西两道寨门登山。离周口仅九千米，是南充通往营、蓬、仪的必经之道，也是历代兵家常争之地。当时驻守燕山寨的红军是红九军新编八十团，实际只有一个排的兵力。十一月十八日（农历十月初一），匪首母坤荣带领精练营从他的老巢——大成出发，进入杜家三青庙地界时，与红军的前哨十余人接触，红军居高临下，利用有利地形痛击敌人。众匪徒见红军人少，不甘心失利，继续朝山上奋力反扑，红军一青年号手就地阵亡。在敌强我弱的情况下，红军战士边打边撤，路经瓦店子、韩家大垭口，退回燕山寨上，匪军占领了燕山寨南小罗山。

为了配合燕山寨的红军完成阻击任务，掩护蓬安苏区红军部队有计划地转移，十八日晚和十九日，营山新民，蓬安石孔、柏杨、周口一带的游击队员五百余人，在苏维埃负责人的带领下，从燕山寨东门陆续登山，与红军战士一道，固守山寨。

十九日，各路反动武装齐向河舒进发，进攻燕山寨。军阀杨森所部，由南面的会龙直插河舒；蓝锦的民练营，配合张维珍的扇子匪及其地主武装——“梭镖大队”从利溪过河，直插九林岗、枣儿垭一带，向燕山寨西门逼进；母坤荣的精练营，配合杜家刘刚修的民团和柳树唐浩清、柏杨康善芝的地主武装，聚集在小罗山、瓦店子一带，向燕山寨东门逼进。各路反动武装从燕山寨的东南、南面和西南三路聚集兵力两千多人，摆开进攻阵势，形势十分紧迫。

十一月二十日早晨，敌兵分三路向燕山寨进攻。杨森所部从河舒火烧桥康家沟向燕山寨南面攻击；蓝锦的民练营配合地主武装，从枣儿垭登山，向燕山寨西门进攻；母坤荣的精练营配合地主武装，从瓦店子登山，向燕山寨东门进攻。

镇守燕山寨红军主力只一个排，加上游击队员五百余人。游击队员使用的武器大多数只有长矛、马刀，有的甚至使用的是竹镖（将斑竹削尖，经淬火而成的一种武器）。虽然装备差，弹药缺，但红军战士多为老骨干，士气很旺，接连打退敌人四次冲锋，为红军大部队的转移争得了时间。

为了避免在不利条件下的决战，保存红军有生力量，红军总指挥部决定：采取“收紧阵地，诱敌深入”的方针，以求在收紧阵地，实施“运动防御”的过程中，大量消耗、疲劳敌人，创造反攻破敌条件。中午时分，红军仅留下几名战士，带领部分游击队员，坚守山寨，牵制敌军外，其余红军带领游击队员，背护着伤员，从北寨悬崖上踏着柏杨老百姓搭的长楼梯下山，兵分三路转移。一路经柏杨，向营山转移；一路经龙岗寨，向石孔方向转移；一路经帽盒沟、蒿子坝，向塘坊、营山丰窦方向转移，以分散追兵，疲劳敌人。

正当红军和游击队撤下山寨之时，蒋介石调派的敌机也骤然出现在燕山寨上空，盘旋低飞，助长敌威，山下匪军趁势又发起疯狂进攻。留守山寨的红军战士和游击队队员奋力抵抗，子弹打完后，便用乱石打击敌人。由于敌强我弱，山寨被攻破。英勇的游击队员在留守红军的带领下，以长矛、马刀、竹镖与敌短兵相接，奋力鏖战。大部分游击队员就地阵亡。有两名受伤红军战士带领十八名游击队员，从东门突围，撤至韩家梁时，两名受伤红军战士被俘，壮烈牺牲。十八名游击队员在肖家坟与母坤荣的精练营匪军展开白刃战，在肖家坟一带全部阵亡。

从十一月十八日战斗开始，到二十日结束，驻扎在燕山寨的红军战士与广大游击队员坚守山寨三天两夜，给敌人的反革命围剿以迎头痛击，掩护了红军主力部队的安全转移。

节录自蓬安县文化馆一九八〇年四月
铅印稿《一九三三年红军在蓬安》
标题为编著者加

二、古蓬州——运山城的历史作用

蒋明善

运山（或云山），又名燕山寨，在今蓬安县25里之河舒乡燕山寨村一社。由于历数百年之沧桑，现遗迹只能依稀可辨。

清嘉庆《四川通志》卷52引《元一统志》云：“宋淳祐三年，四川制置使余玠，以相如县接近蓬州、营山县界旁有云山寨，去嘉陵江十有五里，其山崇峻，乃营立寨栅，俾县附入云山保聚”。1897年修《蓬州志·纪山篇》云：“山巅中洼，有天生池，渟泉不竭。”《太平寰宇记》：“在朗池县（今营山县）西南60里，天将雨，山上云雾驰曳如披衣焉，上有云山寺，”所以运山城在历史上又叫“披衣山”“运山城”“天生城”。据民间传说，早年的云山常为燕群栖息之所，后人又称“云山寨”为“燕山寨”。又据《元一统志》云：“其山高险，四壁斗绝，南宋淳佑三年（公元1243年）制置使余玠建寨栅，移州治于此”，故又叫“运山城”。由于运山城，在抗元斗争中曾起过重要作用，所以在四川历史上十分驰名。

余玠在淳祐三年（1243 年）春，以新任四川制置使的身份来到重庆，领导四川的抗元斗争。他采取“守点不守线，连点而成线”的战略方针，在群众性自发筑城活动的基础上，选择若干险要的地区建筑城寨，囤积粮秣，作为据点。他以重庆为中心，在嘉陵江、渠江、涪江和长江南面的山峰上，建成一个个城堡，把沿江的府、州、军、县城治迁到上游，构成一个全面的防御体系。余玠在1243—1251 年的八年时间里，总共在全川修建、扩建各种情况的山城 20 座。宝祐元年（1253 年）7 月，余玠被奸相贾似道诬陷含冤而死，继任五届四川制置使，承袭仿效余山城布防的办法，又增修了 20 座山城，而运山城，是余玠在普遍创筑阶段（1243—1244 年）中新筑的九座府州治所之一。

公元 1244 年 5 月，大获（苍溪县东南 30 里）、运山（蓬州）、大良（广安县东 80 里莲花山）、嘉定（今乐山隔河一里许之旧城凌云城）、神臂（泸州市东南 60 里弥陀场神山上之铁泸城）“诸城工役，次第就绪”，在 1245-1248 年，余玠又对重庆（市中区）、钓鱼城（合川东北过江十里）、运山城（蓬州）、小宁城（巴中县东南清水乡水宁寺）进行充实加固，而运山城是重点之一。

当时的运山城，是蒙古骑兵由汉中越汉中米仓山以窥蜀中的必经之地，余玠曾于淳祐五年（1245 年）5 月，亲临运山城视察，发现规模狭小，与“郡治弗称”。于是在他的督促之下，该城再次大兴工役，进一步扩大规模。1246 年，“筑大城于左基三，敌楼雄架其上”，1247 年，“改□□□，悬峭千尺环城，壮势具矣。”所有工役，“皆本部（指蓬州）人上下一力”完成的①。

运山城既是官民保聚的要地，又是百姓日常的生活场所。《南

① 光绪《蓬州志》卷 15《艺文篇》，清光绪二十三年刻本。

宋云山移治碑》云：运山城“别民居，分画市井”，“起郡学，立孔庙，寺观神祠咸□□备焉”。正德《四川志》卷34所载《蓬州改修儒学记》也谈到，蓬州“州有学，在云山，宋淳祐间建”。由此证明，蓬州儒学的确曾建立在运山城上。使得“人心初定，始有安土之志”[①]。

运山城，还是余玠推行营田制、耕战结合的典范。据《蓬州志》《南宋云山移治碑》的题名得知，凡知蓬州军州事、节制屯戎军马官，就同时兼领“管内劝农营田事”。运山一城如此，当时其他山城也普遍推行。

余玠利用山城防御体系，领导四川军民对元人开展山城攻防战，取得了很大的成绩。仅在淳祐三年（1243年）这一年中就获得抗击蒙古军的“大小三十六战”的胜利[②]。淳祐六年（1246）的春天，又一次取得了粉碎蒙古军“分四道入蜀”（注）的大捷。

在这几次战役中，蓬州运山城起到了重要作用。由于运山城处于利、阆与开、达之间，并能连巴（巴州）引梓（梓州），是蒙古军攻取的重要目标，蒙古军在屡攻运山失利的情况下，熟悉蜀中用兵道路、擅长山地作战的蒙古部将汪德臣，率部出击，但由于运山城地势险要，“形如屏立，横亘半空”，蒙古骑兵无法施展其马上长技，汪德臣只得“率其部直前”[③]，突然遭到山城滚木擂石的还击，汪德臣的坐骑顿时为飞石所击毙，弃骑步战，进抵运山外城。而他的兄弟汪直臣被飞石击中致死，进攻运山城的蒙古军终以惨败告终。

运山城，在挫败蒙哥主力的钓鱼城战役中作用显著。宝祐六年

① 余玠传［M］//宋史：卷416.. 北京：中华书局，1977：12469.

② 理宗纪三［M］//宋史：卷43. 北京：中华书局，1977：829.

③ 王鹗《汪忠烈公神道碑》载《陇右金石录》卷5。

（1258 年）四月，蒙哥汗帅十万大军侵蜀，十月自利州（广元）渡嘉陵江攻苦竹隘。在主力追攻下，宋军救援不至，苦竹隘、长宁山（昭化县西南 90 里）、鹅顶堡（剑阁县南 20 里）相继陷落。利州失守后，四川转运使代总兵施择善率军退守运山城，元兵屡攻蓬州不下，择善坚守不降，最后壮烈牺牲。十一月，蒙古大军压至大获城，阆州守将杨大渊降元。12 月在杨的诱惑下，运山城守将张大悦、青居裨将刘渊、大良守将蒲元圭相继弃城投降。由于嘉陵江、渠江上这四座坚城失陷，在不到两个月内，蒙古军一直顺利地推进到钓鱼城下。曾坚持过五年抗元斗争的运山城，便落入了元人手中。1262 年（元中统三年）7 月，蒙古驻阆、蓬等路都元帅汪良臣请筑武胜城。1269 年（元至元六年）3 月，渠州知州张资败蒙古兵与蓬州界白土神山、蒲渡等处，张钰亲率兵运粮前往慰问。元军占领蓬州后，于“至元十五年（1278 年），令毁运山寨，复以军名还旧理”①。将蓬州、相如县迁至今蓬安陵江镇。从此，运山城便结束了它的一页光荣历史。

注：主要资料来源，陈世松《余玠传》；西师历史系《钓鱼城史实考察》；合川《钓鱼城志》；光绪二十三年《蓬州志》第十五卷；1982 年《文史》第十四辑；蓬安文化馆《1933 年红军在蓬安》；蓬安县政协《文史资料》1985 年第二期；渡口市教师进修校《中国古代文化知识》。

《南充史志》

① 《元一统志》卷 52。

三、南宋运山古城遗址

陈言昌

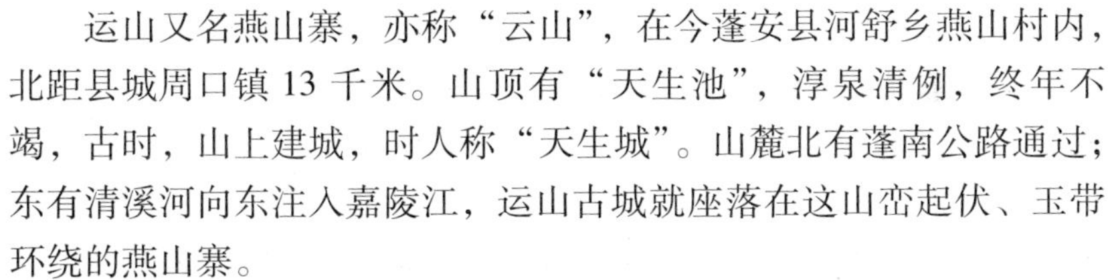

运山又名燕山寨，亦称“云山”，在今蓬安县河舒乡燕山村内，北距县城周口镇13千米。山顶有“天生池”，淳泉清例，终年不竭，古时，山上建城，时人称“天生城”。山麓北有蓬南公路通过；东有清溪河向东注入嘉陵江，运山古城就座落在这山峦起伏、玉带环绕的燕山寨。

运山古城，城制规模无考，至今存有“宝祐纪功碑”“南宋移治碑”及古城遗址。稽考史籍：公元13世纪，兴起于我国北部境内的蒙古政权，于宋理宗端平元年（1234年）灭掉金朝之后，又发动了对南宋的战争，其进攻矛头首先指向四川地区。从端平元年至淳祐二年（1242年）八年间，蒙哥（元宪宗）率领蒙古军队，攻占了四川境内的许多州县。淳祐二年（1242年）宋廷命余玠（？—1253年）为四川宣谕使，次年，又命为四川安抚制置使兼知重庆府。余玠入川后，为抗御元兵入侵，遂倡导和组织大修山城。《四川通志》卷52载：“淳祐三年，四川制置使余玠，以相同县接近蓬州营山县界旁有云山寨，去嘉陵江十有五里，其山崇峻，乃营立寨栅俾县民附入运山保聚。”《元一统志》载：“其山高险，四壁陡绝，南宋淳祐三年（1243年），四川安抚制置使余玠建寨栅，移州治于此。”故名“运山城”。此间，在嘉陵江、渠江、涪江、长江两岸择其山势险峻，依山筑城，恃险据守，囤积粮秣，保民持战，先后筑起了青居、大获、钓鱼、云顶、天生等十余座山城。并把一些地扼要冲的州县治所迁到山城上，守点不守面；这样以帅府重庆为中心，南北水路通衡，舟揖之利；东西官道之便，各点联线，相互支援，就构成了一个作战的山城防御体系。据不完全统计，四川境内宋廷筑城建堡，多达八九十余处[①]。其中，大部份是余玠在蜀时期修筑与扩建的。它对四川军民长期抗战，特别是遏制蒙古骑兵入侵，起到了积极的防御作用。而运山古城的修筑与扩建，正是这个总体战术中的重要组成部分。

运山古城是蒙古骑兵由汉中越米仓道以窥蜀中的必经之地，余玠于淳祐五年（1245 年）亲临该城视察，发现规模狭小与“郡治弗称”，于是，在他的督促之下，运山古城再次大兴工役，进一步扩大规模，1246 年，“筑大城于左基三，敌楼雄架其上，1247 年，改□□□，悬峭千尺环城，壮势具矣。”所有二设“皆本部（蓬州）人上下一力”完成的[②]。元人谋士姚燧在《中书左承李忠宣公行状》中说：“宋臣余玠弃平土，即云顶（金堂县），运山（蓬州）、大获（阆中）等八府州治于其上，号为八柱，不战而自守矣，蹙蜀之本，实张于斯。”这说明“八柱”之中，排列第二位的运山城，显然亦是重兵驻守的重要据点之一。运山等城建成之后，蜀中战局，“如臂使指，气势联络”，起到了应有的战守作用。淳祐四年宋朝枢密院的奏报说：“四川帅臣余玠大小三十六战，多有劳效，宜第功行赏。”淳祐六年（1246 年），又取得了邀击蒙古军“四道入蜀”的重大胜利[③]。当时运山城地处利（州）、达（州）之间，和连巴（州）引梓（州）的位置，理所当然是蒙古军必欲攻占的重要据点。在蒙古军屡攻运山失利的情况下，熟悉蜀中用兵道路，擅长山地作战的蒙古骁将汪德臣弟直臣，谕诏奉命出击，由于运山地势险要，“形若屏立”“横亘半空”，蒙古骑兵无法施展其

---

① 《宋史·理宗纪》。

② 《蓬州志》卷 15。

③ 元史《汪德臣传》。

马上长技，德臣遭到滚木擂石的还击，其坐骑顿时为飞石击毙，弃骑步战，遁首城外，而其弟直臣被飞石击中致死[①]，进攻运山的蒙古军以惨败告终，而蓬州军民保卫运山城战役取得了伟大胜利。

宝祐六年（1258年）四月，蒙古大汗蒙哥派纽璘为前军，自己率十万大军攻占四川，是年十月，在蒙古大军的进攻下，宋军救援不致，利州、长宁、鹅顶堡等相继沦陷。利州失守后，四川转运使代总兵施择善退守山城，蒙军屡攻不下，择善坚守不降，最后以身殉职。又据《元史》零星记载：蒙军围山之时，守营屡被击败；嗣后，蒙军由彻里“帅步兵由水门先登，破其壁。”“城中食尽，亦杀主将以降。”十一月，蒙大军进逼运山城，守将张大悦以城降元[②]。曾坚持五年抗元斗争的运山古城，便落入了大汗蒙哥的手中。元军占领运山城后，于元“至元十五年（1278年），令毁运山寨，复以军民还旧理”[③]，将蓬州，相如迁至今蓬安县陵江镇。从此运山城便结束了它在历史上的光荣一页。

《四川文物》1989年第4期

四、四川宋末抗元山城遗址概述

陈志学　杨荣新

当蒙古铁骑席卷欧亚大陆的时候，风雨飘摇的南宋王朝仍得以苟延残喘。偏处西南一隅的四川，乃抗击强大的蒙古军队达半个世

① 元史《汪德臣传》。

② 《元史》129卷，《蓬安县志》。

③ 《元一统志》卷52。

纪之久。其中的原因固然是多方面的，但与四川依山筑城，凭险而守有着莫大的关系。今天，在四川各地还可见到不少的抗元山城遗址。笔者拟作简要的概述，以飨读者。

在众多的山城遗址中，从其重要的地位和知名度来讲，当首推合川钓鱼城。

合川，宋时称合州。钓鱼城就筑在今天合川县城东北方向的钓鱼山上，距县城约有 4 千米。据《合州志》卷一载："（钓鱼山）高千仞……东南北三面据江，皆峭壁悬崖，陡然阻绝……其西南山稍低，于此筑城，高二十仞。"三面环水，系由渠江、嘉陵江、涪江围绕，形成一个半岛。

钓鱼城的修筑，始于宋理宗嘉熙四年（1240 年），毕于淳祐三年（1243 年），有内城、外城之分。只是年代久远，如今只残存了一些遗迹，依稀可见。

广安大良城。从今广安县城往东北方向约走 40 余千米，就是当地著名的莲花山。山势奇峻，状如莲瓣，因此得名。滔滔不息的渠江就从山的西北和西南流过。宋淳祐三年，名将余玠就在山上修筑了大良城，以此作为广安军的治所，抗击元军达 30 余年之久，中间经历了几次激烈的争夺战。民国时修《广安州新志》卷三九记残摩崖碑纪道："大良城者，古曰莲花山。宋淳祐二年宣抚余公移广安军治此，遂为重镇。"其最后陷落，史载不详。据胡昭曦先生考证，当在至元十三年（1276 年）之后①。

大良城如今还存有 12 道城门。外南门左傍峭壁，右临悬崖，地势险要，真是一夫当关，万夫莫开。西门亦是建筑在悬崖之上，两侧亦是悬崖，唯有城门可通。大良城内水源丰富，遥想古人守城时，是不至于有乏水之忧的。

---

① 胡昭曦. 四川古史考察札记［M］. 重庆：重庆出版社，1986.

合江神臂山城，也是宋末双方激烈争夺的军事要塞。神臂城的修建，始于淳祐三年，次年城成，即以此作为泸州的治所。此后，宋蒙双方即展开了拉锯似的争夺战，直到至元十四年（1277 年）方为元军最后占领。

神臂城遗址的位置，在合江县与泸州市之间约 30 余千米的神臂山上。西、南、北三面濒临水势湍急的长江，多为悬崖峭壁，形势险要。东面则是绵延起伏的丘陵。为加强固守，在东面依山为势，筑有两道防御耳城和挖了两口护卫耳城的池塘。耳城之间，是一条蜿蜒伸向东门的石板路。东门附近，至今尚可见到较为安好的古城墙，约高 5 米左右。南门（又叫神臂门）则建在神臂咀上，控扼西、南两方水路要冲，易守难攻。与东门之间有一道一字城墙，直达江边，是神臂山南麓东西方向间的一道防御墙，因年代久远，只残存江边一段。西门则建在神臂山西北方面的陡壁上，险峻非常。只是如今亦只能见着遗迹了。

金堂县云顶山城，曾被誉为抗蒙守蜀斗争的“守蜀八柱”之一，始建于宋理宗淳祐三年。其遗址在今金堂县同兴公社境内，濒临沱江金堂峡峡口。北距县城赵镇 20 多千米，隔江与淮口镇相望，和隔江对峙的炮台山同是金堂的佛教胜地。

云顶山在绵亘不绝的群山中，异峰突起，与炮台山同扼金堂峡之咽喉，“实西川门户也”①。云顶山城即因山为势，多以悬崖绝壁为天然城墙，余皆条石垒筑。城门有北城门、南城门、瓮城门三个大的门，此外还有五个小门。至于史载蒙古将领彻里率军先登的水门在于何处，至今仍是一个谜。

由于云顶山城的重要战略地位，自淳祐三年筑城，15 年间，大小的抗蒙战斗不少，至宝祐六年（1258 年），始为蒙古前军将领

① 道光年修《金堂县志》卷三。

纽璘攻陷[①]。其后，宋、元军还多次在云顶山与金堂峡展开激战。现在的云顶山城，尚存在有御敌的五道“一字墙”。如果你沿着新修成的直达山城的公路，徜徉在古城墙上，缅怀当年铁马金戈的战争场面，相信会有更多的感慨的。

在今万州区东北约5华里的地方，就是气势雄伟的天城山麓。宋淳祐三年，当时任四川制置使的名将余玠见此地形势险要，就在悬崖绝壁上修筑了天生城，将万州州治（今万州区）迁入，直到宋端宗景炎元年（1276年），共抵抗蒙古军达33年之久。

天生城至今尚存有城墙的遗迹与清代重修过的城门。从城墙的遗址来看，系是顺山势而筑，悬崖陡壁则成了一段天然的险峻城墙。在城内，还筑有三道一字墙。从今天的天生城内尚有不少的水田和水井及堰塘来看，这无疑是当年能够建城的重要条件之一。

与宜宾市隔江相望的登高山城，也是南宋末年为抵御蒙古军所筑的山城之一。据嘉庆时修《大清一统志》卷301《叙州府》载：“登高山，在宜宾县东二里大江东岸，险固可凭。宋咸淳中移郡治此，遗址犹存。”山麓的正西、西南、正南为岷江、金沙江、长江所围绕，地势险峻。北、西、南三方均为险峻的岩壁，间筑城墙。只是因为年代久远，古城门、城墙都仅存遗迹，已非往日概貌了。

据史籍记载，登高山城自宋度宗咸淳三年（1267年）辟为叙州治所到元至元十三年（1276年）迁回三江口止，共9年时间，在抗元斗争中发挥了重要的作用。

礼义城是宋末四川又一个抗元的山城据点。它建筑在渠县城关东北方向30多千米的礼义山上。礼义山虽然不高，但它北濒渠江，东、西、南三面与山相傍，仍是易守难攻的好地方。故明清时期所

---

① 邹重华. 金堂宋末云顶山城遗址再探［J］. 四川文物，1988.

刻的《重修横城墙碑志》说“上有耸峙之雄，下有渠江之险，左右有始高，斌山以为犄角之势”。据《宋史·地理志》和《元史·世祖纪》载，礼义城的筑成建治，当在宋宝祐三年（1255年），元将张德润攻陷礼义城在元至元十二年（1275年）。共抵抗元军达20年之久。今天残存的城墙与城门，多是明清时所重修过的，现存城墙遗址周长约有10华里。城门遗址则有东门、小东门、垮寨门三道。在原山城的范围内，除有近百亩水田外，还有不少的水塘与泉井。可见当时筑城将领选择礼义山，是很有见地的。

紫云城，修建在犍为县城关东南约15千米的紫云山上。山势巍峨，东濒岷江，西靠绵延不断的丛山。自北而南呈弧形状，长约1千米。东西两面，除西北与丛山相连外，余均多是悬崖陡壁，甚是险要。据嘉庆年间修《犍为县志》载，紫云城之建，是淳祐中余玠所筑，到元至元十二年（1275年），降于元将哥速，约抵抗元军达30年之久。

紫云城墙，今未见遗迹，胡昭曦先生认为是以山崖为天然城垣[①]。在地势险要的北山口与西北山口尚存有前后寨门的遗迹。离前寨门约1千米处，是紫云山南端下山的必经山口，形势更为险峻，人称白虎嘴。在没有枪炮的时代，要想攻下如此险要的山城，是极为困难的。

剑阁苦竹隘。它在剑门雄关之西。东、西、北三面濒临绝壁，仅南面隘口有两道傍岩凿成的险道，“一人侧可登，不可并行”[②]。鉴于如此险要，故至宋理宗宝祐三年（1255年），隆庆府陷落，治所遂迁于此。当时知府段元鉴屯兵固守，元兵屡攻不克。到宝祐六年十月，蒙哥亲统大军猛攻，宋军内部出了叛徒，苦竹隘方才失

---

① 胡昭曦. 四川古史考察札记［M］. 重庆：重庆出版社，1986.

② 《元文类》卷六十二，姚燧《便宜副总帅汪公神道碑》。

陷。据《昭化县志》卷二十六载，当时宋将张实、王佐、杨立协力奋战，“斩获数千级”，可见战况激烈之一斑。

除上述的以外，比较重要的山城还有重庆城（今重庆渝中区）、大获城（今苍溪县东南）、白帝城（今奉节县东）、小宁城（今巴中县东）、马脑城（今南川县）、青居城（今南充市南）等数十座。限于篇幅，就不一一介绍了。

是这些众多的山城，依山傍水，互为犄角之势，在四川军民的手中，谱写了宋末四川抗元史上罕见的篇章。

《文史杂志》1990 年第 1 期

五、宋元战争中四川的宋军山城及其现状

薛玉树

四川境内，目前还存留有二十多座宋元战争中宋军修筑的山城。这些山城都程度不同地遗留有当时的军政设施和战斗、生活用具等。它们为研究宋元战争史提供了实证，已成为重要的历史和军事文物。由于这些山城的有关资料贫乏而分散，有的已很少为人所知。笔者不敏，愿将近年调查所得，缀成此篇，供各地学者研究。

（一）四川山城建立的时代背景

公元 1234 年，南宋与蒙古之间爆发了战争。但是在此之前两国之间已经发生过一些武装冲突。早在公元 1227 年至 1231 年，蒙古军队在宋境借道攻金的同时就已对宋军展开三次武力交锋。公元 1227 年“丁亥之变”，蒙军攻破南宋的阶州（今甘肃武都县东）、围困西和州（今甘肃西和县西南），在皋兰城六败宋军，宋军放弃

关外五州，退保三关。蒙军继续深入，直至文州（今甘肃文县）石靴关才撤回。公元 1231 年，蒙军又两次破宋之三关，横行十七州间，直至房州（今湖北房县）、竹山等地而还。三次侵蜀结果，南宋十七州残破，军队六万九千余人溃败，兴元（今陕西汉中）、洋州（今陕西洋县）、天水军、西和州、同庆府（今甘肃成县）被屠，给南宋造成极为惨重的损失①。

公元 1234 年春，宋蒙联合灭金。宋廷派军收复三京大败蒙军，蒙古责宋违约，双方战争开始。公元 1235 年，蒙军以骠悍的铁骑南下，以四川为主攻方向大举进军，当年即攻破阶州、西和州、成州（今甘肃成县）、凤州（今陕西凤县东）、沔州（今陕西略阳）等地。次年，蒙军又分路攻占兴元，破阳平、剑门等关，陷利州（今四川广元市）、文州、阆州（今四川阆中）、顺庆府（今四川南充）、潼川府（今四川三台），十月合兵进占了成都，然后分兵四出，深入四川内部郡县抄掠，以致南宋“五十四州俱陷破，独夔州（今重庆奉节）一路及泸、果（今四川南充）、合（今重庆合川）数州仅存。”公元 1237 年，蒙军夜袭武信（今四川遂宁）、进军资州（今四川资中）、普州（今四川安岳）、嘉定府（今四川乐山）；夏季又攻陷金州（今陕西安康），经开（今重庆开州区）、达（今四川达县）二州进军夔州，直至巫山县境。公元 1238 年再次攻取霞萌（今四川剑阁东）、彭州（今四川彭县）、导江（今四川灌县）、邛州（今四川邛崃），直至黎（今四川汉源清溪）、雅（今四川雅安）。公元 1239 年“己亥之警”，蒙军经开、达抵万州（今重庆万州区）、夔州、巫山、直至施州（今湖北恩施）。公元 1241 年，“西州之祸”，蒙军再破成都、汉州（今四川广汉市）嘉定、泸州、

① 宋元战争史［M］. 成都：四川省社会科学院出版社，1988.

叙州（今四川宜宾）等地。宋军“阵亡者众”，蒙军“搜杀不遗，僵尸满野”[①]。从这连年的交锋中，蒙军骑兵的凌厉攻势确实可说是势如破竹、所向披靡。事实上也证明了宋军在平地守城的办法已经不可能进行有效的抵御。因此当公元 1242 年年底余玠被派来四川并于次年春莅任四川安抚制置使后，就总结平地守城的教训，接受播州冉氏弟兄的建议开始修建山城防御体系，在公元 1243—1251 年的八年中领导四川军民修建、扩建了各类山城二十座。“皆因山为垒，棋布星分，为诸郡治所，屯兵聚粮为必守计”[②]。从而扼制了蒙古骑兵行动迅速的优势，建成了攻防自如的防线，在一段时间内有效地做到了保境安民。这以后，随着四川战局的发展，四川军民又在各地修筑了不少山城。如在公元 1255 年蒙军两面夹击四川后，为了防止云南的蒙军再次北犯，南宋政府于公元 1256 年命令修筑南郡四城，当时的四川制置使蒲择之也决定“凡南边诸州有可以措置山寨者，亟议图之。”[③] 而施州的倚子山城和至今犹存的南平军龙崖城、长宁军凌霄城等即建于是时。这在现存的光绪《南川县志·宋代崖城摩岩记》和至今屹立城中的兴文县凌霄城筑城题记中都可以得到证明。

四川的山城防御体系在宋元战争中发挥了巨大作用。公元 1246 年，它有效地击退了蒙古军队的四路进攻[④]；公元 1252 年的嘉定会战中又粉碎了蒙军对嘉定的围攻[⑤]；公元 1255 年，蒙军两面夹击四川，虽南北会师，却未能攻克各处山城[⑥]；公元 1259 年，蒙古蒙哥

---

① 陈世松《蒙古定蜀史稿》。

② 宋元战争史［M］. 成都：四川省社会科学院出版社，1988.

③ 陈世松《蒙古定蜀史稿》。

④ 《宋史·理宗纪》。

⑤ 陈世松《蒙古定蜀史稿》。

⑥ 陈世松《蒙古定蜀史稿》。

汗亲率大军征蜀，两次攻龙崖城不克①。沱江防线上的云顶城曾先后八次激战②；合州钓鱼城则经历大小战斗二百余次，蒙哥及其都元帅汪德臣均战死城下③，它们和运山、大获、得汉、白帝、青居、苦竹等城，被蒙军称之为“不战而自守矣”的宋军“八柱”④。至于神臂城得失五次，三台城十次易手，更可见双方攻防战的激烈和山城在战争中位置之重要。四川的山城虽因复杂的历史原因最后少数被攻破，多数被诱降了，但却先后拖住蒙军主力，使之长期未能东下夺取江南。由于山城攻拔困难，四川久攻不克，元军不得不从公元1271年起改变从襄阳进军、由汉水渡江以灭南宋。这充分说明了四川的山城防御体系，为稳定长江上游战局、打乱蒙军“取蜀灭宋”的战略计划，支撑南宋半壁江山，起到了重要作用⑤。

（二）宋元战争中四川建立的山城

宋元战争中，宋军在四川究竟建立了多少山城，过去说法不一。但都不超过五十个。1988年，金堂县文物管理所筹办“四川山城展览”，笔者在担任史料工作时，曾对此进行过了解和查对。目前所掌握资料来看，仅从《宋史》及地方志等中有名可查的即有七十二个之多。现将各山城简要情况列表如下：⑥

---

① 光绪《南川县志》卷十一。

② 拙著《云顶城记·前言》。

③ 《元史·宪宗纪》。

④ 《牧庵集》卷卅。

⑤ 陈世松《蒙古定蜀史稿》。

⑥ 此表仅以有名可查之城列出。《元史·杨文安传》有“将兵以鲜汝忠往招由山等处八城”之语。因除由山外，余七城皆不知名，未予列出。另外据《宋史·理宗纪》，刘整降元后，吕文德奉命收复神臂城时，曾于对岸黄市“垒石为城”，因不知名，亦未列出。如连此计算，应有八十城。

宋元战争中四川宋军山城简表

路别	府州	城名	筑城时间（公元）	筑城地址	筑城将领	迁驻治所	最后失陷情况			存在时间	现在地址	备注
							时间（公元）	守将	原因			
潼川府路	怀安军	云顶城	1243	怀安军云顶山	孔仙 肖世显	成都府路 潼川府路	1266	夏贵	破	23年	金堂县同兴乡云顶村	
	潼川府	紫金城	1254	盐亭县紫金山	甘闰						盐亭县紫金山	
	顺庆府	青居城	1249	顺庆府青居山	甘闰	顺庆府	1258	段元鉴	降	9年	南充市青居山	部下刘渊叛降
	渠州	礼义城	1255	渠州礼义山	蒲择之	渠州	1275	张资	破	20年	渠县汇西乡	
		荣城		渠州大竹县东北	鲜史君 吕保相						大竹县东北义门口	
	广安军	大良城	1243	渠江县大良平		渠州、广安军	1275			22年	广安县大良乡	
		小良城	1243	渠江县大良平		渠州、广安军	1275			22年	广安县大良乡	
	普州	铁峰城	1243	安岳县北		普州					安岳县城北	
	遂宁府	灵泉山城	1258	小溪县灵泉山	杨大渊		1258	杨大渊	破	当年	遂宁东十里灵泉山	
	合州	钓鱼城	1240	石照县钓鱼山	甘闰	合州	1279	王立	降	39年	重庆合川县钓鱼山	
		宜胜城	1272	石照县宜胜山	张钰		1278		降	6年	重庆合川县纯阳山	
	叙州	登高城	1267	宜宾登高山	郭汉杰	叙州	1275	郭汉杰	降	8年	宜宾市东山	
		仙侣城	1260	宜宾仙侣山			1275	郭汉杰	降	15年	宜宾市西北真武山	
	富顺监	虎头城	1265	富顺监虎头山		富顺监	1275	王宗义	降	10年	富顺县大城乡	

续表

路别	府州	城名	筑城时间（公元）	筑城地址	筑城将领	迁驻治所	最后失陷情况			存在时间	现在地址	备注
							时间（公元）	守将	原因			
潼川府路	泸州	神臂城	1243	泸州神臂山	曹致大	潼川府 泸州	1277	王世昌	破	34 年	合江县焦滩乡老泸村	
		榕山城	1239	合江榕子山		合江县				1 年	合江县永安乡	移治别处
		安乐山城	1240	合江安乐山		合江县	1277		破	37 年	合江城西十里	
		三江碛城	1239	江安三江碛							江安城西大江中	
	长宁军	凌霄城	1257	长宁军凌霄山	易士英 朱文政	长宁军	1288		破	31 年	兴文县同兴乡凌霄山	
成都府路	嘉定府	凌云城	1243—1244	嘉定凌云山		嘉定府	1275	昝万寿	降	32 年	乐山市旧城	
		九顶城	1243—1233	嘉定九顶山			1275	昝万寿	降	32 年	乐山市九顶山	
		三龟城	1243—1244	嘉定三龟山			1275	昝万寿	降	32 年	乐山市三龟山	
		紫云城	1243—1244	犍为紫云山			1275	昝万寿	降	32 年	犍为孝姑乡紫云村	

续表

路别	府州	城名	筑城时间（公元）	筑城地址	筑城将领	迁驻治所	最后失陷情况			存在时间	现在地址	备注
							时间（公元）	守将	原因			
利州东路	隆庆府	苦竹隘	1236	隆庆府小剑山		隆庆府	1258	杨立	降	22 年	剑阁剑门镇双族村	部下赵仲武叛降
	利州	长宁山城	1258	利州长宁山	王佐		1258	王佐	破	当年	剑阁鹤岭乡石村	
		鹅顶堡	1258	利州长宁山	王佐		1258	王佐	破	当年		知县王仲叛降
		吉平隘	1254—1258	苦竹隘长宁山间	杨礼		1258		破			
		铃族山城	1258	苦竹隘长宁山间	王佐		1258			当年		
		安西堡	1254—1258	苦竹隘长宁山间	杨礼		1258					
	巴州	小宁城	1245	化城县	张实	巴州					巴中县清水乡水宁寺	
		得汉城	1249	通江得汉山	张实	洋州	1264		降	15 年	通江县永安乡得汉村	
		平梁城	1251	化城县	张实						巴中县平梁乡	
	阆州	大获城	1244	阆州大获山	孙丞、王坚	阆州、利州	1258	杨大渊	降	15 年	苍溪县王渡乡	
		跨鳌城	1253—1258	南部跨鳌山		南部县					南部县南郊	
	蓬州	运山城	1246	蓬州运山		蓬州	1258	张大悦	降	12 年	蓬安县河舒乡燕山寨	

续表

路别	府州	城名	筑城时间（公元）	筑城地址	筑城将领	迁驻治所	最后失陷情况			存在时间	现在地址	备注
							时间（公元）	守将	原因			
利州西路	龙州	雍村城	1258	江油雍村		龙州	1258	王知府	降	当年	江油县大康乡	
夔州路	夔州	白帝城	1242	夔州白帝山	赵武、王信	夔州	1278	张起岩	降	36 年	重庆奉节县白帝城	
		瞿塘城	1244	夔州白帝山下	韩宣		1278	张起岩	降	34 年	重庆奉节县白帝城下	
	重庆府	重庆城	1240	重庆府	彭大雅	四川制置司	1278	张万	降	38 年	重庆市归城	部下赵安叛降
		多功城	1243	重庆府江北							重庆江北县翠云乡花朝村	
	涪州	三台城	1266	涪州三台山	阳立	涪州	1280	王仙	破	14 年	重庆涪陵市石马乡东堡村	
	忠州	皇华城	1265	忠州		咸淳府	1277	马堃	破	12 年	忠县关溪	
	大宁监	天赐城	1263	大宁监	廉康						重庆巫山县大昌镇西	
		大宁城		大宁监							重庆巫溪县	
	梁山军	赤牛城	1242	梁山县赤牛山		梁山军	1276	袁世安	降	34 年	重庆梁平县赤牛山	
		金石城		梁山军			1276	袁世安	降		重庆梁平县	
	黔州	绍庆城	1276	绍庆府城南	上官氏		1278	鲜龙	破	6 年	重庆彭水县南郊	
		黄平城	1258	黔州黄平县							贵州黄平县	

续表

路别	府州	城名	筑城时间（公元）	筑城地址	筑城将领	迁驻治所	最后失陷情况			存在时间	现在地址	备注
							时间（公元）	守将	原因			
夔州路	南平军	龙崖城	1256	云安军城北	史切举	南平军	1278			22 年	重庆南川县马咀乡马脑山	又名马脑城
	万州	天生城	1241	南浦县天城山		万州	1276	上官夔	破	35 年	重庆万州区天城乡	
		牛头城		万州			1275	何威	破		不详	
		石城堡		万州？			1275	谭汝和	降		不详	
		鸡冠城		万州？			1275	杜赋	降		不详	
		三宝城		万州？			1276	梨拱辰	降		不详	
	达州	圣耳城		达州							不详	
		龙爪城		通川县		洋州	1275	谢益	破		不详	（龙爪城）
		由山城		达州？			1275		降		不详	
		石马城		达州？			1275		降		不详	
		铁平城		达州？			1275		降		不详	
		小　城		达州？			1275		降		不详	
		三圣城		达州？			1275		降		不详	
		油木城		达州？			1275		降		不详	
		牟家城		达州？			1275		降		不详	
		下隘城		达州？			1275		降		不详	
	施州	倚子山城	1259	施州倚子山	谢昌元	施州	1276	薛忠	破	17 年	湖北恩施县	

续表

路别	府州	城名	筑城时间（公元）	筑城地址	筑城将领	迁驻治所	最后失陷情况			存在时间	现在地址	备注
							时间（公元）	守将	原因			
夔州路	云安军	铁　城		云安军城北	杨宜		1276	杨宜	降		重庆云阳县北	
	待考	都胜城		不详			1275		降		不详	
		茂竹城		不详			1275		降		不详	
		广福城		不详			1275		降		不详	
		乐胜城		不详			1275	蒲济川	降		不详	
		师姑城		不详			1275	赵桂楫	降		不详	
		土恢城		不详			1278		降		不详	

（三）四川宋军山城现在的简况

四川的所有山城在宋元战争基本结束的公元1278年，被元安西王相府上奏元廷："川蜀悉平。城邑、山寨、洞穴凡八十三。其渠州礼义城等处三十三所宜以兵镇守，余悉拆毁。"元廷批准了这一奏章[①]，因而被拆毁不少。加之七百多年的沧桑变化，又有不少山城逐渐湮灭。但据实地调查了解，从目前掌握资料看，四川境内存在的宋军山城有明显遗址留存的，还有二十处之多。这些山城遗址都已成为珍贵的军事文物。现将这些山城简况简述如下，供历史学和考古工作者参考：

（1）苦竹隘：位于剑阁县剑门镇西北小剑山顶。地属剑门镇双族村。此山四际断岩，前临巨壑，仅东侧一险峭小道可达山顶。总面积五千余平方米。地处宋蒙战争前沿，经历战斗多而激烈，为四川较有影响的山城之一。现此山已辟为国有森林。因林深树密，建筑遗址很难找寻，唯宋建东门仍巍然挺立。卷拱上镌有公元1255年所刻"宝祐乙卯七月吉日，武功大夫、右虎卫将军、知隆庆府事、节制屯戍军马、任责措置捍御段元鉴创建"的筑门题记。题记年月与初建日期不符，或系战争中另建之又一城门。城门附近并有明代守臣记述宋代建城的诗句多处。

（2）大获城：此城位于苍溪县王渡乡大获山。地近嘉陵江与东流水汇流处。三面临水，高阜崛起；岩如剑劈，天然为城。扼蒙军南下必经之路，为蜀口及阆州门户。山城原有四门，城内有高峰，周围约10平方千米遍布军营，驻有"金戎司"军马千人。现城墙及南门尚存。城内遗有火药加工处、沐浴池、天池等遗物。1966年曾在城内发现元代"万州诸军奥鲁之印"珍贵军事文物[②]。

---

① 《元史·世祖纪》。

② 《南充地区文物考古资料第一集》86页。

（3）得汉城：位于通江县永安乡苦草坝。地据渠江上游大通江畔（地图出版社所编之《中国历史地图集·宋辽金》将此城误置），距县城 48 千米。海拔 780 米，四周悬崖绝壁，独西南有两条小路蜿蜒而上。上有平坝，可容数万人活动。城原有四门，现城墙和东、南、北三门犹存。遗有炮台、鼓楼、大堂、二堂、三堂、监狱、天池、水井等遗址，并有历代游人凭吊之题记、诗文等石刻数十处存留。公元 1932 年，川陕苏维埃政府曾于此建立后勤中心。

（4）运山城：位于蓬安县河舒乡燕山寨。地处嘉陵江与清溪河之汇流处不远。为宋代利、阆二州及隆庆府通往蜀府重庆之要冲。此城形如屏立，横亘半空。宋时城池、市井俱备，军、政设施齐全。筑有城门三道、更楼五十余座。军营、民居，甚至孔庙、寺观均有营建。公元 1246 年蒙军攻城不克，蒙将汪直臣战死城下；公元 1255 年兵临城下未敢攻而去，可见城高池险，守卫森严。现城墙、内外南城门、天池等遗物犹存。南宋镌刻的“宝祐纪功碑”亦仍岿然屹立。

（5）礼义城：在今渠县汇西乡礼义山上，扼宋代蓬、巴、达诸州通往重庆之孔道，为蒙军南下必经之路。蒙军曾三次攻城不克。现存城门两道，宋代城墙、水井、天池等遗物。唯宋代镌刻之“知军都统练使将军胡公全城却敌记”碑，碑阴刻有礼义城全图之重要文物，竟于 1984 年被劈作七块条石使用，至今未寻获完全，实可痛惜。

（6）青居城：位于南充市青居山，峦峰峭绝、岿然耸峙，前据大江，后依群峰，扼嘉陵江中游、蒙军南下要冲，为重庆及钓鱼城重要屏障。城因岩而建，并斜筑长墙接于东岩峰以为外障。因中华人民共和国成立后在该处修建水电站，城被破坏，但东门仍临风伫立，并有江边城墙残段数十米及东岩城墙残段二百余米保留。

（7）大良城：在广安县大良乡莲花山。地扼渠江下游，为宋代达、巴、蓬、渠数州通往重庆之咽喉。东控对山，西据双鱼城，南有太平、石谷两寨，北与小良城互为依托。山势险峻，石壁四绝，仅东、西、南三门可上。建城后与得汉、运山、赤牛、青居等城互为椅角而为钓鱼、重庆二城重要屏藩。由于地位重要，宋蒙双方迭次争夺，曾先后五次易手。目前十道城门俱存。城内还有练兵场、水井、天池等遗物保存。

（8）多功城：位于江北县（今重庆江北区）翠云乡花朝村。前临古代“江合驿道”，后依悬岩陡坡，地势险峻，视野广阔，为重庆府北方重要门户。城依岩而建，势若天成。面积较小，有东、西二门及天池、军营等设施。目前城墙、城门俱存，城门上还有“端明殿学士、大中大夫、四川安抚制置大使朱祀孙建”之题刻及清代重修题记。城内还有天池、军营遗址等遗迹保留。

（9）钓鱼城：在合川县东渡乡钓鱼山（今重庆合川区），扼嘉陵、涪、渠三江汇流要地，为蜀府重庆重要屏藩。峭壁悬岩，依山为城。周长 13 里，面积 2.5 平方千米，有城门八道、炮台、暗道、火药场、水师码头、较场及皇城、官衙等军政设施，并有“一字墙”两道，直达两面江心。迭经围攻、巍然屹立，创造了以少胜多，以弱胜强之战史奇迹。由于蒙哥汗战死城下，导致攻宋及西征欧洲各路蒙军罢兵撤退，还赢有“上帝折鞭处”之美称。现在城墙、城门、炮台、天池、宋井、火药场、“王坚纪功碑”等皆存，还有居民街道、皇城、水阁凉亭及军政机构遗址，并建有“钓鱼城历史文物陈列馆”展出战史及文物。

（10）云顶城：在金堂县云顶山。东依沱江金堂峡与炮台山夹江对峙；西控成都平原；北依小云顶山控成潼古道咽喉；南临水磨河扼东山各镇，乃成都之门户，东西川之要冲、宋怀安军之锁钥，自古兵家必争之地。公元 1236 年蒙军残破全蜀，即是“来道怀安（今四川金堂淮口镇西同兴乡）、归击广安”的。宋军此山筑城作为外水（沱江、岷江）防线。此山高峰特起，重岩峻峡，峭壁天然，状如城垣。于悬崖陡坎处建有城门八座、一字墙五道，并有炮台、军营、水井、天池水军码头等设施。驻有“利戎司”七八千军马。双方多次争夺此城，经历八次战斗。现仍保存有宋代建城题刻之原建城门二处，城门遗址六处，一字墙五道、宋井四口、水池五处、炮台二处及军营遗址等，被专家学者称誉为保存最好的南宋山城。

（11）虎头城：在富顺县大城乡虎头山。其山拔地兀立，巨石嶙峋，巍似猛虎雄踞，前临沱江、后倚高山，地扼水陆要冲、泸州门户。城依岩而建，有内外二重，筑有炮台、碉楼、天池、水井等。强弩硬弓彪悍铁骑之蒙军亦无法靠近。现此城外城墙及西门仍存，并有炮台、点将台、白鹤井及军营遗址等保留。

（12）登高城：在今宜宾市东山。位据金沙江、岷江汇入长江处。山势陡险，江水奔腾，控三江及川滇要冲，为川南重要屏障。宋军于此筑城以防云南来攻之蒙军。城长 2 千米，宽 1.5 千米，与仙侣城互为依托并与上游凌云、紫云二城及下游神臂城互相策应，援守自如。公元 1272 年蒙军重兵围攻亦未得手。现此城尚存内外城基及南门遗址。

（13）神臂城：在合江县焦滩乡神臂山。西、南、北三面绝壁，下临长江。江水湍急，不可停舟，只有一路可通。城长 2 千米，宽 0.8 千米，周长 3.3 千米。城门四座，东城外有耳城及红、白二菱池护卫，以吊桥通入城内。城四角筑有炮台，南城有一字墙直达江渚，城内外有暗道相通，江心有水寨控流，为长江上游锁钥，宋军蜀府之门户。宋蒙双方争夺此城长达三十四年。现此城东西二门及城垣巍然凌风，耳城、炮台、护城池、校场、钟鼓楼、烽火台、水寨及对岸黄市城、府衙等遗址俱存，并有后世为褒贬宋代尽节与叛降史事的“许彪孙托孤”及“刘整降元”两处石刻留存。

（14）三台城：在涪陵市（今重庆涪陵区）长江北岸石马乡三台山（地图出版社出版《中国历史地图集》误置于乌江岸边）。扼重庆东部门户，为长江下游及湖广水陆要冲。阶地三迭，山势险峻。城依山而建，周长二里余，面积九万平方米。有东西二门，西门夹沟而设，东门壁路仅通，城厚墙高，有炮台八座。且地据重庆、钓鱼、皇华、天生、绍庆、龙崖诸城之中，攻援灵活。宋蒙双方争夺十四年，曾十次易手。南宋亡国后一年被元军攻占，为四川最后失守山城之一。现尚存城墙、城门、宋代建城题刻，炮台遗址等。

（15）天生城：在万县（今重庆万州区）西郊天城山顶。地控荆、蜀要会，川东门户。山势陡绝，三面悬岩，仅山后尺余山背可通。城建其上，曾四次增修，有东、西、南三门及东、西二卡门，四周有堡垒、三道一字墙。城内有馆、亭、园楼、天池、水井等。先后经历四次战斗，其中一次被围五旬未克。现城墙、城门、卡门、炮台、一字墙、池井及历次修城题记和元军攻破此城之纪功碑均存，为全川遗留宋元战争时期石刻最多的一处山城。

（16）白帝城：在今奉节县白帝山。高耸特峙，四面峭绝。地扼三峡锁钥，鄂、川咽喉。城为东汉公孙述所建，宋初曾为夔州城，宋元战争中重建，以“夔帅司”千人驻守。后又在东岸瞿塘峡口建立瞿塘城，并于公元 1264 年在峡口石盘上竖铁柱二根，以铁索七条横栏对岸，名为“铁锁关”以控长江而护蜀峡。现此地虽为旅游胜地，但宋建城墙、军营、天池仍存。铁锁关之铁柱二根及岩石刻题记亦仍耸立江边。

（17）凌霄城：在兴文县同兴乡凌霄山。孤峰独峙，海拔千米；四面巉岩，仅一路经“断头岩”吊桥相通和另一“四十八拐”小路盘旋入山。千岩万壑，形势险要，扼蒙军由乌蒙入川要冲。坚守至宋亡后九年始被元军攻破，为四川最后失陷之山城。现城门、城基、更鼓楼、烽火台、炮楼、哨所、地堡、跑马道、练兵场以及五斗坝当年群众供应守军之商店墙基等遗迹均存。还有一处完整的宋刻筑城题记仍在四十八道拐岩石上存留。公元 1930 年，中共川南特委领导的中国工农革命军亦曾在此山战斗。

（18）龙崖城：又名马脑城，在南川县（今重庆南川区）马咀乡马脑山。海拔 1784 米，山势高峻，地形险要，古名马头关，乃川黔要道，兵家必争之地。南宋建城面积 84 000 平方米，公元 1259 年蒙军两次围攻此城不克，被称为“南方第一屏障”。现城基、城门俱存。公元 1256 年筑城题记亦耸立城中。1916 年讨袁护国军且曾在此城与川军激战。

（19）绍庆城：在彭水县南郊，扼乌江而护黔州，为涪、施二州及长江以南重要藩篱。依山筑城，条石垒砌，平面呈椭园形，面积 1.5 平方千米。现仍存南门及 2.5 千米长条石残墙，并多次出土宋代刀矛、箭链等军事文物。

（20）榕山城：在合江县永安、榕右乡之间之长江南岸，海拔 992 米，四周绝壁悬岩。登山而望，群山低首。城建有六门，今尚存二门及条石残墙数段①。

以上仅系我们调查了解所得，因资料缺乏并限于水平，仅能作以上简介，挂一漏万及错误之处在所难免。各城（除榕山城外）现有遗物、遗址之照片及宋代建城题记、碑刻等石刻拓片均存金堂县文物管理所，并由该所在云顶城内设立展览馆公开展出。1988 年中国元史学会第四届年会和四川宋元之际学术讨论会在金堂县召开时，曾由四川省社会科学院、四川省民族研究所、四川省历史学会联合召集各山城所在县市代表商讨继续搜集资料、编出一本完整的

---

① 绍庆、榕山二城未经我们勘察。绍庆城资料系彭水县文物管理所提供。榕山城资料见宋元之际的泸州［M］. 重庆：重庆出版社，1985：31.

图录资料来。我们水平有限，希望各地专家学者和文物上作者深入调查了解，发掘史料，予以完备，共同完成这一伟业。

《四川文物》1993年第1期

六、运山古城——英雄历史的丰碑

邓郁章

蓬安县周口镇东南，南（充）蓬（安）公路的左侧，有一座“形如屏立，横亘半空”的桌状高山，它就是历史上有名的运山古城所在地。运山又称云山、披衣山、燕山。运山“山巅中洼，有天生池，渟水不竭，涨落与嘉陵江相符”。山上有古寨，远在唐代，就有“古刹雄峙”，它既是风景名胜之地，又是屯兵戍守之处。清光绪《蓬州志》介绍运山说“淳祐州治也。两阓深刻之文今才微泐，其西阓纪余玠徙州之功，其东阓张大悦未归元时御敌之事也。”

阳春三月，我再一次游览了运山古城，实地察看了“两阓深刻之文”（“移治碑”和“纪功碑”），深感运山古城本身就是一部精彩的历史。

宋理宗淳祐三年（1243年），蒙古的王公贵族，数次侵蜀，肆意杀戮抄掠，南宋西部防线已处于崩溃的边缘。著名的爱国者余玠临危受命入蜀，接任四川安抚制置使兼重庆知府。余玠上任后，采取因山为垒、守点连线的办法，建立全川防御体系。运山地处利（州）、阆（州）和开（州）、达（州）之间，是蒙军入蜀的要冲。山上水源充足，土地平阔，有险可据，被余玠选中作为全川防御体系的重要据点，第一批创筑的九座山城之一。蓬州军民按余玠的部署，利用旧寨，因山筑城。其后蓬州州治以及朗池、蓬池、相如等县的县治都迁上了山。

运山城作为州治后，第一次保卫战，旗开得胜。在山城建筑还没有全部竣工的淳祐六年春天，擅长山地作战的蒙军骁将汪德臣率领步卒强攻，遭山上守军滚木擂石的还击，坐骑被击毙，后弃骑步战，虽然夺取外城，但其弟汪直臣被飞石击中丧命，终于败下山去。

也就是这年夏天，余玠不避酷暑，登临运山视察。他发现山城规模太小，与州治不相称，不利于安定民心以长期固守。于是责令“别民居，分划市井”，加固城堡，并修州学，建孔殿、寺庙、神祠。经过几年时间的“上下一力”，建城任务全部完成。当时，那沿着悬崖峭壁建筑的环山城堡、三道城墙、十二道城门，气势宏大，十分壮观。为“纪余玠徙城之功”，淳祐十一年（1251 年），蓬州军民在第三道城墙西大门外的崖壁上刻下了著名的“移治牌”。

其后，运山城成了蜀川“八柱”之一。山城军民同心固守。蒙军面对陡峭的山崖无法施展其马上长技，屡攻屡败。直到宝祐元年（1253 年），余玠遭谗言去职不幸离世后，运山城仍有令蒙军闻风丧胆的威慑力量。宝祐三年（1255 年）蒙军进逼运山城，在东门外扎下大营，驻兵十余日，拟伺机而攻，终因无隙可寻自行退兵。虽然之后又多次再来，但亦未敢贸然进犯。对此，宝祐四年（1256 年）刻在运山城东门的“纪功碑”作了明确而详细的记载。

作为抗蒙支柱之一的运山城，坚持了 15 年的抗战，最后终于悲壮地沦陷于蒙军。宝祐六年（1258 年）蒙军以号称十万之众攻蜀，于十二月乙酉这一天，进至运山城下指挥攻城，但运山城依旧岿然不动，巍然屹立。最后蒙军用降将杨大渊诱降，在守城中曾经立下功劳的张大悦出卖了运山城的军民，携城投降。张大悦的叛变使坚持抗蒙的转运使施择善遭到内外夹攻，寡不敌众，终于以身殉职。

从余玠帅蜀，运山城开始书写抗蒙历史，到运山城的沦陷就算画了个句号。元至元十五年（1278 年）元蒙定蜀，运山城依然作为普通山寨，后来人们习惯称它为燕山寨。在以后的 600 余年中，作为军事要地，这里仍战事不断。

明朝末年，这里曾是支持张献忠的农民队伍和地主武装的“义师”多次争战的地方，先后有数万人丧生。《蓬州志》称：“厥后李光奇、僧容宏拾积骸而埋之，盖累累数万具也。”

1933 年初冬，燕山寨属于川陕革命根据地红九军防守的重要据点，它再次焕发光彩。敌人 4 000 余人进攻燕山寨，红军八十一团的一个排和游击队仅 500 余人。为掩护主力撤退，红军战士浴血奋战，坚守了三天三夜。敌人有迫击炮、机关枪，红军主要靠滚木擂石，但仍然打退了敌人的四次进攻。11 月 21 日中午，红军、游击队完成掩护任务后，借助群众的帮助，从寨北悬崖下山转移，留下少数人坚守阵地。敌人用飞机低空盘旋助威，但仍是经过两次冲锋方才攻上山去。坚守阵地的战士们，大多拼杀至死。未死但不愿受辱的也跳下悬崖牺牲。燕山寨再次写下了光辉的一页。

从南宋到现在，时间已近千年，运山古城一页一页的历史都告诉我们：它是英雄历史的丰碑！

邓郁章编《相如故里风光吟》

七、相如县—蓬州—蓬安县

邓郁章

蓬安，周属巴子国，秦属巴郡阆中县，汉安汉县建立后，直至南朝的宋、齐，它的南（大部分）北（小部分）分属于安汉和阆中两县。它位于四川省东北，南充市区之东。东依营山、渠县，西接南部、顺庆、高坪，北与朱德的故乡仪陇相邻，东南与邓小平的故乡广安毗连，南与岳池交界。境域面积 1 332 平方千米，县城周口距南充市区公路里程 60 余千米。它古为相如县，后称蓬州，历史悠久。

南北朝梁代，在梁益二州之外增置诸州，同时设郡，并大量置县，实行州统郡，郡管县。梁武帝天监六年（507 年）划安汉县地增置新县，县治就设在嘉陵江西岸司马相如的故居所在地、今蓬安县的锦屏镇。为纪念司马相如，特以相如名县。隶属与之同时设置又同治的梓潼郡（梓潼郡隶属南梁北巴州）。相如县从成立到省入蓬州，存在了近 900 年。隋代实行州统县，相如县属隆州。唐代于南充置果州，相如且改属果州。此时的相如县，不仅有今蓬安县境域的绝大部分，还包括今高坪区东北一角、仪陇新政一带、营山西部、岳池北部的部分境域。

唐武德（618—626 年）初年，始建于梁代、隶属于蓬州的大寅县（后改名蓬池县），从今仪陇县境大寅乡之大寅山迁治今蓬安县茶亭乡的蓬池坝。唐开元二十九年（741 年），蓬州亦从安固县城（今营山县安固乡）迁治蓬池县城，与蓬池县同治。南宋末年，蒙古军攻进四川，今蓬安县的燕山寨，时称运山，成了一州三县的治所，蓬州、蓬池、朗池和果州的相如县，同时于宋理宗淳祐三年（1243 年）迁往运山。宝祐六年（1258 年）相如县亦划归蓬州。

元代，相如、营山迁复原治城，蓬池县废，属地分别划归仪陇、营山、相如三县，原蓬州城、蓬池县城所在的部分境域划归相如县。因相如县已由果州划归蓬州管辖，蓬州州治亦随之迁往相如县城与相如县同治。此时，今蓬安的境域已大体形成，它不仅有唐代至宋代相如县的全部境域，还有原蓬池县的部分境域。

明代，洪武年间（1368—1398 年）相如县省入蓬州，失去了原有的相如县名。清代的蓬州不再辖县，其境域除局部有调整外，基本上就是元代的相如县。民国二年（1913 年）全国州改县，取蓬州、安汉之首一字，定名蓬安县。1933 年，蓬安县嘉陵江以东地方大部分获得解放，属川陕革命根据地。1957 年，蓬安县治由今锦屏镇迁往今周口镇。

蓬安，地处嘉陵江中游两岸，气候温和，雨量充足，土地肥沃。勤劳勇敢的先民，创造了灿烂的古代文化。早在汉代今蓬安地区嘉陵江沿岸的农业就比较发达，崖墓中出土的陶器即有造型生动的母子鸡、鸽、狗、猪、双人合身俑出现。嘉陵江一方水土孕育了汉代第一位杰出的文学家、为团结西南各少数民族共同发展经济文化曾做出过杰出贡献的司马相如。

唐宋时期，今南充市境内，一直是阆、果、蓬三州并存。位于流江岸边，由新政县至渠州、通州驿道上的茶亭乡蓬池坝及附近地区，亦是经济繁荣、文化发达的地方。蓬池坝作为蓬池县城、蓬州州城，时间长达 600 余年，是今仪陇、营山和蓬安北部地区的政治、经济文化中心，是颜真卿任蓬州长史之地。唐代城中的开元寺是全国著名禅院。宋代城郊的嘉祐岩（今属营山），既是巴蜀文化名人向往的风景区，又是一个道教文化中心。至今还留存有诗文碑记。

宋代末，今河舒境内的运山城是余玠亲自督建的山城，不仅是营、仪、蓬地区的抗蒙据点，而且是蜀川“八大”支柱之一。蒙哥汗曾驻跸城下指挥攻城。利州路转运使施择善为守城而牺牲。“宝祐纪功碑”“移治碑”具体记述了当年的抗蒙战争，是研究宋蒙战争不可多得的重要史料。

锦屏镇，是司马相如的故里，从梁代起就作为古相如县的县城，靠得天独厚的嘉陵江，有舟楫之便，上可通阆、利，下可达果、渝，地理位置优越，它与隔江相望的周口历来是自成一体，经济文化都比较发达。元取代宋以后，它作为营、仪、蓬地区的政治中心，又进一步促进了锦屏、周口两地及附近地区经济文化的发展。从明清时代县志记载的大量诗文与今锦屏、周口两地留存的古代的书院考棚、寺观祠庙、亭台楼阁等，可以看到过去时代文化发展的成绩以及建筑艺术的辉煌。原蓬州八景中的“广慈晓钟”“五马奔江”“嘉陵晚渡”“琴台夜月”“马鞍樵唱”都在锦屏、周口两地。清代爱国思想家、著名的桐城派作家、诗人姚莹被贬谪于蓬州，而在离蓬东归时，却仍依依不舍。他这样写道：“四围叠翠侵书席，几树名花照酒杯。底事杜鹃催客去，不教常住此蓬莱。”的确，清代的蓬州城，四围叠翠，名花满城，高大的榕树、银杏、楠木，郁郁葱葱，还有据说是司马相如亲手种植的两棵相如柏，苍劲古老。它不是蓬莱，却胜似蓬莱的仙居之地（古柏惜在20世纪50年代已被砍掉）。周口，是宋代理学家周敦颐在合州判官任上的“过化之地”，纪念他的濂溪祠遗址尚在。周口原称“舟口”“州口”，后改称“周口”，又名“周子镇”，就是因他而得名。他在这里住的时间并不长，但每年前往他的住所合州求学者竟达数十起。他对古相如县文化发展有过影响。清安徽周铭有诗写道：“潇洒风尘外，停车教可传。盘桓留胜迹，光霁忆当年。镇口楼台壮，祠旁竹树连，讲堂童子秀，群颂爱莲篇。”近年，这里的经济、文化建设更有长足的进步，一座经济繁荣、文化昌隆、风景秀丽的现代化新县城已初具规模。

邓郁章　赵正铭《司马相如故里在蓬安》

八、蓬安“来苏寨”考论[1]

蔡东洲　刘欢欢

明人陶履中在《来苏古渡记》中说：“海内之以来苏名其地者，实不一处。盖以眉山兄弟频罹迁谪，凡僻瘠遐荒之乡足迹几遍也。”[2] 这段文字告诉我们：明朝时天下有多个地方叫“来苏”，且以苏轼兄弟的足迹而得名。事实确实如此，时至今日全国仍然有不少地方以“来苏”为名。据不完全统计，现有“来苏村”7个，有“来苏乡（镇）”2个，有“来苏渡”2个，有“来苏寺（庙）”2个，有“来苏寨”2个，这些名叫“来苏”的地方分布在江西、广东、湖北、四川、重庆五省市。不过，得名“来苏”的缘由并非全部都因宋代文豪苏轼经过或短住过而来，更多的是源于儒经《尚书》中语，体现百姓盼望明君来解脱苦难，获得苏息。

四川省蓬安县银汉镇新安村境内的“来苏寨”的得名怎么来的呢？这座山寨又承载着怎样的历史掌故和文化资源呢？这就是本文试图考索和论述的问题。

（一）蓬安“来苏寨”得名源于苏轼的传统说法

蓬安“来苏寨”的得名，在蓬安、广安一带一直有这样一个说法：因宋代文豪苏轼在熙宁年间来到此山短暂居住而得名，而且这个说法在历史文献和现存实物中似乎都可以得到证明。

---

① 基金项目：西华师范大学重大探索性项目“四川古城寨遗存调查与研究”（14A002）。

② 雍正《江西通志》卷138《来苏古渡记》，文渊阁四库全书本，台北商务印书馆，1986年。

关于蓬安“来苏寨”的文献记载，主要有三个地方的清朝志书，即顺庆府、蓬州、和广安州，其中以光绪《广安州志》和宣统《广安州新志》的记载为多。此择举数条，以见其得名由：

康熙《顺庆府志》载：“苏轼，眉州人，来游南朱凤山半载，又寓蓬州山寺。今名来苏寺，碑刻尚存。”①

宣统《广安州新志》载：“苏轼，字子瞻。眉州眉山人，熙宁初来游广安独峰寨数载，有洗墨池、八角亭、读书台、晒经石遗迹，因改名来苏寨，又州北苏溪洞亦有石刻。”②又载，“来苏洞，在来苏寨之东，石岩宏敞，深不可测，旧传东坡游憩读书于此，乾隆中举人黎毓贤有诗曰来苏古洞。”③

关于“来苏寨”的现存遗迹，西华师大四川古城堡调查研究团队今春对此寨进行过考察，确实发现了不少碑刻等文化遗存④。虽然传说中的苏轼读书台或晒经石已在几年前垮塌，“苏轼笔法”碑亦不见踪影，但据20世纪80年代编印的《南充市文物保护单位简介》，来苏寨有“苏轼笔法”碑，碑成矩形，通高1.15米、宽0.6米、厚0.2米，碑眉横刻“苏轼笔法”四字，字径10厘米，楷书，碑面正中刻“洗墨池”三字，左刻“万善充周四得备”，右刻“一元妙合八音纯”十七个楷书大字。此碑还被列为蓬安县文物保护单位。

正因为如此，今地方文史工作者在报纸上撰文、在电视台上宣

---

① 康熙《顺庆府志》卷6《流寓传》。

② 宣统《广安州新志》卷41《侨寓志》。

③ 宣统《广安州新志》卷38《古迹志》。

④ 2014年2月23日，西华师范大学历史文化学院组织调查组一行九人对来苏寨进行了实地考察。山寨平面呈椭圆形，面积约4万平方米。寨墙用条石砌成，现存寨墙残约长800米，高7米。城门呈拱形。寨门外有碑五块，寨内有洗墨池、石狮、房基、筒瓦、瓷片、陶片等。瓷片底上有“大明成化年造”字样。

讲苏东坡曾在此山居住，并留下不少遗迹，此山亦由此得名。

（二）蓬安“来苏寨”得名与苏轼无关

我们在后续的研究中发现，蓬安“来苏寨”之得名与苏轼毫不相干。从苏轼的行迹、“来苏寨”名称的由来、来苏一词的含义就可以得出这个结论。

第一，苏东坡一生事迹清楚，从未来过这一区域。

讨论“来苏寨”是否得名于苏轼之来居，关键在于证明苏轼来过与否。在众多叫“来苏”的地方中，确实有以苏轼之来而得名的，如江西修水之来苏渡，据宋人罗大经《鹤林玉露》记载：“来苏渡，修水深山间有小溪，其渡曰来苏。盖子由贬高安监酒时，东坡来访之，经过此渡。乡人以为荣，故名以来苏。”① 苏轼去看望被贬为高安监酒的弟弟苏辙时在此呼唤渡船的地方遂名“来苏”。但更多的是与苏轼无关，如四川剑阁县之“来苏寨”早在苏轼出生之前就有了。

作为一代文豪，苏轼在宋代和后世都受到高度关注，其传记资料十分丰富。今之著名学者孔凡礼《苏轼年谱》广泛搜索，旁征博引，将其东坡平生事迹梳理得准确清楚。据此，苏轼出蜀做官后有两次归蜀：第一次是嘉祐二年（1057 年）四月，苏氏兄弟在京城沉醉刚考中进士的喜悦中时，突然得到其母程氏病故的噩耗，很快陪同其父洵从川陕古道归蜀，十月下葬，遂后居成都，拜访过知府王素、转运使赵抃等官绅，直到嘉祐年四年十月才启程赴京师。选择的路线是“水路”，即从嘉州（今四川乐山）上船经泸州，下重庆，出三峡。第二次是治平三年（1066 年）夏天。苏洵去世，六月苏氏兄弟护父灵由“水路”归蜀，即自开封上船，沿运河，过洪泽湖，经武昌、江陵，入三峡，过云阳、丰都，至次年四月还故

① 罗大经. 鹤林玉露：卷之四［M］. 北京：中华书局，1983：191.

里。十月启程回京，路线选择是“陆路”，即从成都沿官道至绵阳，经广元，出四川，过西安，于熙宁二年（1069 年）正月抵京城[①]。东坡在两次回蜀返京途中都会见经临府州县的一些官绅，并写下了不少文诗，这些诗文题目本身就将往返路线体现得清清楚楚，如第一次返京途中作有《过合江县安乐山》《渝州寄王道矩》（重庆）、《涪州得山胡次子由韵》（涪陵）、《过木枥观》（万州）、《白帝庙》（奉节）、《屈原庙赋》（秭归）。总之，宋代历史文献的记载和千百年来苏轼的研究成果证明，苏东坡根本没有到过顺庆、蓬州、广安一带。

如明清地方志所称，苏东坡来过这一带，且居住了一年半载，那么如此才华横溢的文豪遇到司马相如和卓文君之爱情传说、颜真卿之记新政离堆、谢自然飞升之遗存、顺庆大佛寺之宏伟等优良题材自然文思泉涌，诗意大发，必定写下不朽的诗文。苏轼一生留下了二千七百多首诗、三百多首词、四千二百多篇散文，而且这些作品当朝结集，鲜有遗失。可没有一件作品是创作于这一区域，甚至鲜有以这一区域人事为题材的。这就只能得出这样的结论：苏东坡根本没有来过蓬安或广安或顺庆。

第二，“来苏寨”之名是清代才出现的。

考古调查发现，“来苏寨”上至少在明朝已有佛寺，寨门左侧的一块摩崖碑，题名“回龙山普城寺”，碑文署时为“皇上成化二十三年十月”。这说明在明代这座山叫“回龙”，山上的佛寺名“普城”，并不叫“来苏”。清初，当地乡绅张天麟在此修建了这座山寨。宣统《广安州新志》载：“来苏寨，花桥西十五里，旧名独峰寨，因东坡来游改名。顺治二年，州庠张天麟重筑。”[②] 由此可

---

① 孔凡礼. 苏轼年谱：卷三、六、七、八［M］. 北京：中华书局，1998.

② 宣统《广安州新志》卷六《岩险志》。

知，这寨原名独峰寨，顺治二年（1645 年）修筑，至于改称“来苏寨”的具体时间，现在无法确知，但可以肯定是在清朝。现存最早的蓬州志，即正德《蓬州志》，其中并无“来苏寨”之名，自然亦无苏东坡来居之载。万历《四川总志》同样无此载。到了清朝，尤其是晚清，“来苏寨”完全取代了“独峰寨”，普遍见于地方志中。

当然，即使清代才出现“来苏寨”之名也不能说明其得名与苏轼无关，相反那块“苏轼笔法碑”被视为有关的证据。这碑又叫“洗墨池碑”，是乾隆四十五年（1780 年）广安州廪贡周元音立的[①]。碑上文字除地方文物考古资料介绍的外，还有这样的署名落款：“乾隆四十五年孟夏月廪贡周元音立。”因而，此碑以及上碑上的文字都无法说明“来苏寨”的得名与苏轼有关。

第三，释“来苏”为东坡之来，纯属望文生义。

“来苏”一词的本义是盼望明君来拯救苦难，以获得苏息。其源于《尚书·仲虺之诰》，其文曰：“倐俎之民，室家相庆，曰：‘徯予后，后来其苏。’”汉儒孔安国对此释读曰：“汤所往之民，皆喜曰：‘待我君来，其可苏息。’”。后世官私文献中广泛使用的“来苏”一词，即是这句话的简省。饱读诗书的古代文人对这个意思非常清楚，并广泛使用。潘岳《西征赋》：“激秦人以归德，成刘后之来苏。”刘琨在《劝进表》中云：“四海望中兴之美，群生怀来苏之望。”南朝刘宋虞和《明君大雅》云：“民庆来苏日，国颂熏风诗。”孟浩然《同卢明府早秋宴张郎中》云：“故园欣赏竹，

① 光绪《广安州志》卷8《隐逸传》：周元音字新峰，廪贡，名冠文场，屡荐不售，绝意进取，隐居翔凤岩，著述宏富，花木清娱，讽经乐道，日策驴下凤凰山入市贳酒，醉归倒卧驴背，有名士风。嘉庆初教匪入境，率众截断鸡公岭山路，后贼至经日阻道，全活甚众。

为邑幸来苏。”陆游《感兴》曰：“民穷诉苍天，日夜思来苏。”这些作品都是取“来苏”之此意。全国有多处乡镇、山寨以此为名，如剑阁县东 80 里的“来苏寨”，就是因为宋太祖乾德三年（965 年）宋将史延德由此攻克后蜀坚守的剑门关而得名的。

在科举考试的驱动下，清代士子自当饱读诗书，将躲避战乱的山寨命名为“来苏”，再也恰当不过了，因为这正好反映了饱受战乱之苦的广大民众盼望明君来拯救，盼望天下早日太平。当然将蓬安“来苏寨”解释为苏东坡来此居住，虽属望文生义，但确容易为社会所接受。如果有学者如此讲解，那就不科学了。

（三）蓬安“来苏寨”是明末清初区域治乱的表征

“来苏寨”的历史价值和文化积淀集中于明末清初。可以说，当时这座山寨既是本区域内民众躲避战乱的场所，又是清代广安州的治所，还是残明势力、姚黄匪徒、张献忠义军和清军争夺的焦点。

“来苏寨”这段历史，最原始和最翔实的记载是亲历者张天凤于康熙十二年（1673 年）撰写的《伯羽集》[①]。光绪《广安州志》、宣统《广安州新志》的相关记载皆原于此。宣统《广安州新志》评介此书说：“《羽伯集》，张天凤撰。天凤字羽伯，生于明末。是书纪广安寇乱事编年载之，自崇祯丁丑（1637 年）流贼张献忠入川起，庚辰（1640 年）再窜，壬午（1642 年）州城陷，贼众争天王等号十三子，依邻水出没。癸未（1643 年），窜沙溪，破禹山寨。顺治甲申（1644 年）六月，姚贼围州。八月，城又陷。乙酉（1645 年），里人徙来苏寨。丙戌（1646 年）七月，贼破月山寨，州四载无官。丁亥（1647 年），知州苟有用始驻来苏。戊子（1648 年）冬，甘良臣部将李登甲杀知州，据之。己丑（1649 年），其党

① 宣统《广安州新志》卷 30《人物志·张天麟传》。

陈嘉业、张蜀奇均据寨为乱。庚寅（1650 年）五月，大兵破来苏，事始平。辛卯（1651 年），知州徐世振来州，招抚残黎。历任辛丑（1661 年）李云锦、壬寅（1662 年）黄标均驻竹山寨为治。康熙乙巳（1665 年），黄标始入城。其纪事独详于花桥一隅，至甲寅（1674 年）滇藩之变止。虽皆随笔记录，足补旧志兵纪之遗。”①

我们依据此书提供的线索将这一时期“来苏寨”的历史分为如下四个阶段：

第一阶段，张天麟修建“来苏寨”以保民。

张天麟，明末广安州人，广安州学学生，本欲通过科举考试获取功名，与其弟天凤勤学苦读。明朝末年，天下大乱，张献忠攻掠四川。张天麟兄弟于崇祯十年（1642 年）修筑禹山寨以避乱。此寨距广安州之花桥场十里，原本就是民众避难的旧寨子。但不久这座寨子被张献忠部将攻陷。张氏兄弟逃走月山城以辟难，被乡民推选为寨首。月山城“四面险峻，隐然长城，上有田数十亩，池一顷”。张氏兄弟曾率乡民据此寨击退了一股叫“小红旗贼”的土匪。但顺治三年（1646 年）七月，土匪勾结寨内一兰姓人家为内应，攻陷了月山寨②。张氏兄弟率乡民移住“来苏寨”。

第二阶段，明残余势力与清朝争夺“来苏寨”。

顺治初，清军攻占了川北重镇阆中，遣官四出，以扩大控制区域。顺治四年（1647 年），清朝向广安州派出了第一知州苟明（苟明字有用，陕西凤翔县武生）③。但广安州城此间先后被李自成部、张献忠部、“姚黄”土匪和残明军队所占据。苟明便以“来苏寨”为广安州治。苟明在“来苏寨”对避难乡民进行严刑拷打，搜括民

① 宣统《广安州新志》卷 21《艺文志》。

② 宣统《广安州新志》卷 6《岩险志》。

③ 宣统《广安州新志》卷 14《职官志》。

财，大失人心。张天麟等避难民众逃出“来苏寨”，移徙金花寨。顺治五年（1648 年）冬，甘良臣部下千总李登甲乘机偷袭“来苏寨”得手，杀掉了苟明，占据了“来苏寨”，这座山寨又成了残明的军营。

第三阶段，明残余势力盘踞“来苏寨”敲诈乡民。

寨内根本无法满足李登甲所部明军的军需供给，这支明军变成了土匪，“执寨民，威刑拷掠”，民不堪命，“群避徙于金花寨”①。顺治六年（1649 年），李登甲伙同张蜀奇、陈嘉业等来到张天麟驻守的金花寨，谎称要与张天麟结盟，共护乡土，在席间伏兵百余人冲出，绑架张天麟而去。陈嘉业索银为赎麟，迫使天麟以其弟天凤为人质，自归金花，筹集银三百两，并答应定期前往“来苏寨”犒军，才赎回天凤。

第四阶段，清军再夺“来苏寨”，以为州治。

顺治七年（1650 年）五月五日夜，张天麟、张天凤正在“来苏寨”营犒赏李登甲，清军总兵卢光祖、马化豹率参将吕英杰、永宁副将萧凤祚等从顺庆府城出兵，突然围攻“来苏寨”，黎明破寨，擒获李登甲、张蜀奇而斩之，唯陈嘉业逃脱。残明势力在这一区域彻底覆灭，清朝完成了对“来苏寨”以及广安地区的控制。但此时的“来苏寨”已经数次争战，无法再作为州治。八年（1651 年），第二任知州徐世振（辽东廪生，顺治八年和十四年两任知州）遂把治所由“来苏寨”迁延到烛山寨。烛山寨又作竹山，亦是明时的旧寨子。自徐世振起，历夏祝圣（定远县贡生，顺治十一年代署）、马士鲲（山东岁贡，顺治九年任）、李云锦（福建拔贡，顺治十八年六月署）、黄标（辽东人，康熙元年任）五任知州皆驻此寨为治

① 宣统《广安州新志》卷 36《兵戎志》。

所[①]。直到康熙四年（1665）才将治所移到州城。

广安州名宦徐世振“亲往来苏寨，收合餘烬，遣散残黎，投各寨作傭，放难民伍君先等数十家，抚绥慈惠民”[②]，代表清廷扮演着古语“来苏”中的“明君”角色。清初地方官员特别优待修寨保民的张天麟、张天凤兄弟。时“提学道陈焯始保宁试士，首拔麟入泮”[③]。时保宁府为四川省会，乡试考棚亦设于此。顺治十一年（1654 年）清军左营游击郑三畏以兵护张天凤送至阆中入泮。知州徐世振奖励张天凤历难苦读，特免田粮三斗。康熙八年（1669年），知州张栴莅州，调乡试同考。张天凤此年中举，曾任贵州省修文县知县[④]。清初广安州官员如此对待张氏兄弟与其在这一区域内的影响力有着密切关系。

（四）结语

蓬安“来苏寨”至迟在明朝已是有名佛寺，时称“回龙山普城寺”，至今残存着蓬州和广安州知州相关的摩崖碑刻。明末清初，天下大乱，广安州廪贡张天麟及其弟天凤为保境安民将此山修筑成城寨，随之便成为张献忠、“姚黄”贼、残明势力和清军争夺的焦点，最终为清朝所占领。进入和平时期，“来苏寨”同绝大多数避难山寨一样被改建宗教寺观，成为邻近民众敬奉神祇、祈福免灾的场所，并由此留下了不少的文化遗存。“来苏寨”得名虽然与宋代文豪苏东坡无关，但它来源于儒学经典《尚书·仲虺之诰》中语，因而这丝毫没有贬低“来苏寨”的文化内涵，相反提升了“来苏寨”的历史底蕴。名人苏轼与名典《尚书》相比，是不可相提并论的。

《西华师范大学学报》2015 年第 2 期

---

① 宣统《广安州新志》卷 14《职官志》。

② 宣统《广安州新志》卷 40《名宦志》

③ 宣统《广安州新志》卷 30《人物志·张天麟传》。

④ 宣统《广安州新志》卷 24《人物志·张天凤传》。

九、运山城与白帝城的比较研究

——以宋元时期为中心

李　帆

在南宋末年四川抗蒙防御体系中，曾在历史上留下了巴蜀“抗蒙八柱”等遗址。其中号称“川东北第一寨”的运山城，是南宋防御蒙古南下的山城防御体系中的前沿阵地的第二道防线，而位于长江沿线的白帝城，则是南宋防御体系中的最后一道屏障，两城一首一尾，构成了抗蒙防御体系的铜墙铁壁。但如今，白帝城已成为全国著名的旅游胜地，运山城却还是一片未开发区，两城的发展悬殊。这其中缘由值得探究。

目前，学界对运山城的研究比较薄弱，其一度仅见于地理书或地方志中零星的简略记载。最早关注该城的是蓬安县文化馆的陈言昌先生，他曾于20世纪80年代做过实地考察，于1989年8月在《四川文物》上发表《南宋运山古城遗址》一文，对运山城的相关历史作了梳理，探讨了它在宋元时期的战略地位和历史作用。除此之外，基本不见公开发表的相关研究成果。而对于白帝城的研究，更多的是在文学诗词方面，如李白“朝辞白帝城彩云间，千里江陵一日还，两岸猿声啼不住，轻舟已过万重山”等著名诗句。因此白帝城又有“诗城”之美誉。直至近些年，白帝城南宋时的建筑遗址才引起世人关注，开始进行考古调查与发掘，并开展相关的旅游开发工作。也就是说，白帝城在宋元时期的历史及遗迹等，在此前较长一段时间内是没有受到学界重视的。即使在今天，面对强劲的文化遗产旅游产业的发展势头，已经带动起相关的研究工作，但实际上，对宋元时期的白帝城的研究仍旧是非常欠缺的。

除了上述两城单体研究方面比较薄弱之外，能将二城相互联系起来进行比较研究的，则更是凤毛麟角。作为南宋四川抗蒙山城体系的重要组成部分，运山城、白帝城具有可比性。不仅时代相当，同属巴蜀文化圈，而且类型均为因山为城、扼江控水的山地城寨，都名列“蜀川抗蒙八柱”，在实际的抗蒙斗争中发挥过重要历史作用，这是就共性而言，若经仔细对比，自然还会发现不少相异之处。具体来说，有哪些相似之处，又有哪些不同的地方，而这种异同特点的背后，又到底反映什么样的历史问题，值得深入思考。因此，笔者试图通过梳理两城的历史文化发展轨迹，比较两城异同，给予它们正确的历史定位，希望有利于以后的研究发展工作。

（一）运山城、白帝城地理概况

运山城，今叫燕山寨，位于今四川省蓬安县城东南 25 里处的河舒镇境内，海拔约 588 米，山顶平旷，约 0.5 平方千米，四周峭岩壁立，地势险峭，号称“川东北第一寨”。因山“特起，百里望之如崇台，近视如鸟将翔，晨披万缕云，俯视疑不属地，是为云山，一曰披衣山，一曰燕山。”又如：“披衣山，天将雨，山上云雾如披衣然。”① 运山城，“爰有古寨”，远在唐代，山上即有“古刹雄峙”，很早就是一个屯兵戍守之处，又是一个风景形胜之地。此山城处于利（州）、阆（州）和开（州）、达（州）之间，是蒙古兵从汉中越米仓山入蜀的要冲之地，崖壁峭险，四面凌空，“《元一统志》载‘其山高险，四壁陡绝’”②。其独特的地理位置，使它在南宋抗蒙时备受重视，成为南宋“蜀四大帅府”之一。清人钱大昕《十驾斋养新录》中写道：“元宪宗八年即宋宝祐六年也，宋大获山守将杨大渊时宋以大获为阆州，治运山守将张大悦宋以运山为

① 李则芬．中外战争全史：第 5 册［M］．北京：黎明文化事业有限公司，1985．

② 陈言昌．南宋运山古城遗址［J］．四川文物，1989（4）．

蓬州治，大良平守将蒲元圭宋以大良平为广安军治皆以城降元，元即授以元帅使守之，青居山军人亦杀其守将出降，宋以青居为顺庆府治。明年遣便宜都总帅汪惟正戍。青居与大获、运山、大良平称四帅府。"①

白帝城，又名紫阳城，位于重庆市奉节县白帝镇白帝村，自古为兵家必争之地。清人蒋载康《周官心解》曾说："经八阵碛瞿唐峡，白帝城峡口灩滪堆此江流又至险处。"② 从地理位置来看，瞿塘峡当三峡西口，历史上是巴蜀与外界联系的咽喉之地，白帝城从陆路和水路，控制着江汉平原和四川平原的通道。而夔门、白帝城一带更是咽喉的瓶颈，军事战略地位十分重要，故设立城市，"得此则能东控荆楚，西扼巴蜀；南道滇黔，北通秦晋。进可攻战，退可据守"③。

杜甫在《夔州歌十绝句》中曾写道："白帝高为三峡镇，瞿塘险过百牢关。"在《九家集注杜詩》也提道："夔州为楚之地关险，则白帝城地夔之险矣。"④ 由此险峻的地理位置，西汉末年的公孙述割据四川，占白帝城称帝，后与刘秀争天下。

（二）连类比物：运山城与白帝城的多元比较

1. 别无二致——两城的历史背景

南宋末年，蒙古人数次大规模侵蜀。蒙军计划生擒四川安抚制置使陈隆之，"皇子集诸将议之，咸谓隆之可生擒也"⑤，最终，陈

---

① 陈文和. 嘉定钱大昕全集［M］. 南京：江苏古籍出版社，1997.

② 袁东山. 白帝城遗址：瞿塘天险战略要地［J］. 中国三峡（人文版），2010（5）.

③ 袁东山. 白帝城遗址：瞿塘天险战略要地［J］. 中国三峡（人文版），2010（5）.

④ 杜甫《九家集注杜诗》，清文渊阁四库全书本。

⑤ 元史［M］//二十五史：卷11. 北京：中国文史出版社，2003.

隆之遭生擒并被杀于汉州（今广汉），南宋西部边防线濒临崩溃。理宗淳祐三年（1243年），蒙古主遣大将塔海、莽赉叩等人率领大军分四路进攻四川。理宗在临安（今杭州）听闻强敌压境，日夜焦急不安。督视江淮、四川、京湖军马的右丞相史嵩之出班奏事道："臣保举余玠镇守四川，定能化险为夷。"理宗批奏，命令余玠为四川制置使，兼知重庆府。四川制置使余玠上任后，针对蒙古骑兵的特点，采取山城布防之计，其中，选中运山作为全川防御体系的重要据点筑运山城。同时他认为，重庆为保蜀之根本，嘉定为镇西之根本，夔门为蔽吴之根本，于是他在淳祐三年至十一年（1243—1251年）的九年时间里，有计划、有步骤地以重庆为中心，在长江、嘉陵江、渠江和沱江沿岸的山峰上，先后加固和新筑二十座山城，形成了南宋抗蒙防御体系，最著名的有八座古城，史称"蜀川抗蒙八柱"。运山城与白帝城都是抗蒙八柱之一，运山城被称为"川东北第一寨"，白帝城是瞿塘峡的瓶颈。整个防御体系中，"蜀川抗蒙八柱"中大获、苦竹等城，位于前沿阵地，阻滞延缓蒙军进攻，为主力军赢得准备时间，作为南宋时期抗蒙防御体系中的第一条线。运山、青居，钓鱼等城位于防御体系中的第二线。其中以号称"巴蜀要津"的钓鱼城作为防御要点，以控制渠江、嘉陵江、涪江而屏障重庆，防御地带有效地牵制了蒙军南下的兵力，其中运山古城的几次战役，也极大地削弱了蒙军的力量。而位于长江沿线的瞿塘峡、白帝城等重要城堡作为后方地带，成为了防御体系中的最后一线，其中白帝城成为防御中的最后一道屏障。这三条防线上的山寨城堡互相配合，相互支援，加之流经的涪江、嘉陵江、渠江等与长江组成的交通网络，就"如臂使指，气势联络"，结构紧密，形成一个完整的点、线、面结合的山城防御体系。该体系的长期坚守，大量消耗进攻之敌，为赢得时间，调集机动部队实施反击创造了条件。[①]

2. 迥然有别的战况经历

位于第二线的运山城在抗蒙的战争中，一直作为重要的军事据点，发挥了重要的军事作用。

淳祐十年（1250 年），蒙古大军由汉中出发克阆中、铜鼓寨，进逼运山城。运山城四壁陡绝，山顶平阔，蒙古军无法施展骑兵优势。在屡攻屡败的情况下，熟悉蜀中用兵道路，擅长山地作战的蒙古部将汪德臣，率部出击，却遭到山城军民滚木擂石的还击，汪德臣的坐骑顿时被飞石所击毙，弃骑步战，进抵运山外城，而他的兄弟汪直臣也被飞石击中致死，进攻运山城的蒙古军终以惨败告终，运山城守住了。宝祐初（1253 年），余玠遭陷害不幸离世，余玠刚死不久，蒙古军大规模进攻蜀川，来势迅猛异常，不久便攻陷了利州（今广元），川北各州退守运山，利路转运使施择善被调任蓬州知州。当时的运山城守将张大悦文武兼备，施择善很器重他，常叫张大悦助他处理政事，并多次向四川制置使蒲择之请求升张大悦为知州。宝祐四年（1257 年）春，蒙军游骑 2 000 余人进攻运山城，张大悦身先士卒，奋勇抵抗，居高临下，用滚木擂石打退了蒙军的数次进攻。蒙军伤亡过半，败退而逃。宝祐六年（1258 年），蒙哥以号称十万之众攻蜀，对宋王朝采取三面合围，由甘肃六盘山出发，在拔取阆州州治所在的大获城之后，顺嘉陵江而下，向蓬州运山城推进，于十二月乙酉这天，将蒙军主力屯兵运山城下，蒙哥亲自指挥作战，但运山城依旧岿然不动，英雄屹立，运山军民在利州转运使施择善带领下英勇抵抗。最后蒙哥用降将杨大渊诱降成功，明人冯琦在《宋史纪事本末》记载：“蒙古主取隆雅州又取阆州，

① 何平立. 略论南宋时期四川抗蒙山城防御体系［J］. 古代军事，1996（2）.

杨大渊以城降。”[①] 杨大渊后又诱降运山守将张大悦，史书记载：“大渊遣人招降其守将张大悦，仍以大悦为元帅。”[②]张大悦出卖了运山城的军民，携城投降。“惟运山转运使施择善，不屈”[③]，并率军民抵抗，遭到蒙古军的大规模围攻，最后施择善率领的军民全部壮烈牺牲，运山城陷。运山城虽然最终失败了，但在抗蒙的战争中，它一直发挥着重要据点的作用，尤其是蓬州军民依凭有利的地势，同蒙军殊死一搏，对于延缓全城的沦陷功不可没。

宝祐六年（1258 年）十二月，蒙古攻占青居山城后，到至元十五年（1278 年，亦即南宋王朝彻底灭亡的前一年），攻下钓鱼城，战事已平，元军的铁蹄只到达了钓鱼城便终止。为抗元而修建的白帝城，并没有遭到元军炮火的攻击，钓鱼城一战成名，而南宋时期的白帝城，却逐渐淡忘于人们的记忆之中，其军事上的意义只能在战略部署上显现。

3. 略有差异的战略地位

白帝城的战略地位要高于运山城，为说明这个观点就不得不从钓鱼城谈起。同为“蜀川抗蒙八柱”的钓鱼城，是重要的防御据点。蒙军取道四川，采取顺流东下的路线进攻南宋，则屏障长江中下游的四川夔门当系命脉之所在。而当四川制置司东移，重庆成为全川指挥中心以后，合州由于上通嘉陵、涪、渠三江，下达长江，便成为重庆的天然屏障；又因为它位于经过川东陆路以达夔门的必经孔道之上，因此它势必占有渝、夔藩篱和全蜀屏障的战略地位。钓鱼城位于合州嘉陵江、涪江、渠江的汇合处，山势高陡，三面环水，地形极为险要。余玠采纳冉氏兄弟建议，以钓鱼城为核心，合

① 冯琦原．宋史纪事本末：一百九卷［M］．北京：中华书局，1955.

② 许慕羲．元朝宫廷秘史［M］．西安：三秦出版社，2012.

③ 蔡东藩．宋史通俗演义［M］．北京：北方文艺出版社，2013.

州郡治移入该城，其他各城也和钓鱼城形成犄角之势，从而逐渐建成以重庆作为中枢指挥部，以合州钓鱼城作为支柱，借助长江天堑作为依托，以大江南岸作为纵深，沿嘉陵江、渠江、涪江、沱江、岷江和长江两岸的雄峻山峰修筑了许多依山制江的据点，星罗棋布于四川境内，控扼水陆要道，构成了一个全面立体的防御体系。在实际的作战中，钓鱼城也起到很大作用，从公元1243—1279年的36年时间里，合州军民在守将王坚、张珏的率领下，凭借钓鱼城天险，婴城因守，浴血奋战，坚守了30多年，历经大小战斗200余次，抵御了蒙（元）倾国之师，成功击毙蒙哥大汗元宪宗，迫使蒙古帝国从欧亚战场全面撤军，创造了古今中外战争史上罕见的奇迹。钓鱼城一战成名，白帝城的军事优势地位没有显现出来。多年潜心从事古城寨研究的重庆市文化遗产研究院的袁东山先生曾指出："如果不是这场战争，钓鱼城不会如此名闻海内外，但实际上从城池的规格、规模和军事地位来说，南宋时期的白帝城重要性远远超过钓鱼城。"而王积厚先生则认为，"'防蒙八柱'是否起了防御蒙（元）的中流砥柱的作用呢？除钓鱼城外，其余均没完全起到应有的作用。"①

既然白帝城配置高于钓鱼城，则其战略地位应高于钓鱼城，而运山城之战略地位必然是逊于钓鱼城的，则运山城在战争防御体系的布置中自然要弱于白帝城了。

4. 各具特色的历史作用

运山城是四川抗蒙（元）战争中重要的战略基地。从1243年余玠下令在运山筑城设防，到1258年张大悦献城投降，历经数百次战争，坚持抗敌达15年之久。它在1250年挡住了蒙古军南下的攻势，在13世纪50年代后期拖住了蒙军主力十万大军，从而分散

---

① 王积厚. 南充青居山在宋蒙战争中的地位和作用［J］. 四川文物，1990（3）.

了蒙军的兵力。在实际的战役中，运山城的价值不可小觑。

“马征麟在其《长江图说》中云：‘夷水首出鱼腹（今奉节），江尾入夷都。古代巴人入楚，避三峡之险，皆由此路。’可见，古代三峡之险要及江道航行之艰难；北面为陆路，行栈道。这两个方向又分别归向于两大重心：重庆和成都。由重庆东出，经三峡穿越巫山，可入湖北，经奉节古夔州之门户奉节和瞿塘关（亦称江关、捍关）。”[①] 而白帝城是保卫重庆的重要关口，南宋政权西线抗元防御体系是以重庆为中心组建的，在战略部署上称“白帝城是西线的最后一道屏障。”随着战事接近尾声，蒙古的铁骑只到合川的钓鱼城，白帝城也逐渐淡忘于人们的记忆中，但历史留下的痕迹没有消失，那些因抗元留下的建筑为后人留下了研究材料，赋予了它新的文化内涵与历史意义，也为现今白帝城的旅游发展提供了条件。

一言以蔽之，回归历史，两城在时代背景、战史概况、战略地位和历史作用四方面都极富比较性，或极为相似，或略有不同。通过比较，有利于重新定位两城的历史地位。

（三）浅析两城历史作用相异的原因

运山城在实际战役中发挥了重要作用，而白帝城的战略意义却高于运山城，这有什么样的原因呢？笔者认为有两点：

1. 南宋的布防

南宋建都临安（今杭州）偏安东南，据有淮河以南，长江流域的东南地区。江淮、荆襄、西蜀为其抗御北方金、蒙（元）政权军事进攻的三个战略防区。其中江淮防区包括两淮和长江下游，如建康、池州、镇江等地，是京城临安的屏障。江淮失守，敌军就可直趋临安，故江淮防区的战略地位最为重要。南宋在江淮屯驻的军队也比其他两个防区多。荆襄防区包括长江中游和汉江流域的襄樊、

---

① 阮荣华. 三峡军事风云纵横［M］. 武汉：武汉出版社，2003.

鄂州、江州、江陵等地，与淮河相邻，东通江淮，为吴越屏障，西锁长江三峡，连接西蜀，南控荆楚，兼护两广。荆襄失守，长江天险，拦腰截断，首尾不能相连，西蜀与东南势必隔绝，会出现“江淮唇亡齿寒，江南唾手可得，西蜀孤立无援，不攻自破”的局面。荆襄防区在南宋占有特殊的战略地位，由此可见一斑。西蜀防区包括川陕长江上游地区，东扼长江，足为吴楚屏障。西蜀失守，则荆襄难防，但不会立即对东南造成直接威胁，其战略地位不如江淮、荆襄防区重要。南宋时期，金蒙军队历次大举攻宋，都是江淮、荆襄、西蜀三路同时并进。而金军则集中主力于江淮，直捣临安，迫使高宗逃命海上。只有蒙古帝国第一次大举攻宋采取迂回包抄的战略，集中主力于西蜀战场。

在西蜀战场抗蒙体系的建立上，运山城为“川东北第一寨”，而白帝城为西线的最后一道屏障，运山城作为抗击蒙军南下的“先锋部队”，阻挡蒙军南下，充分发挥了在战役中的作用。而白帝城是整个抗蒙体系的最后一道屏障，如果前面的防城能阻挡蒙军南下，白帝城就继续防守，防御性质从一而终。

2. 历史的发展（时运）

在 13 世纪前期，运山城成功地抵挡了蒙军南下，直到 1258 年张大悦献城投降，运山城暂时退出战场。而抗蒙八柱中的钓鱼城坚持抗战 36 年，到 1279 年守将王立开城投元，战争才结束。元军只到达钓鱼城，而南宋时期因抗元而修建的白帝城，没有在实战中显现它的作用，其军事上的意义只能在战略的布署上显现。

（四）结语

运山古城与白帝城的始建时间不同。白帝城的始建时间要比运山城早，在西汉末、三国时期均起到重要的军事作用，在史书上留下过光辉的一页，从而证明了它在军事上的战略意义。南宋末年，蒙军大举南下，重要的地理位置又使它们都成为“蜀川抗蒙八柱”。

但是在历史舞台上，白帝城没有成为历史的“主角”，发挥它的优势，相反在以往历史上没起多大作用的运山城，却历经了几次战役，发挥了它的防御作用，其实际作用比白帝城大。两城的现今发展给了笔者新的思考，通过比较来重新定义它们的历史定位，赋予它们更加深厚的历史意义与文化内涵，从而为今后开展保护利用工作奠定基础。

《贵阳学院学报》2016 年第 3 期

十、运山城 横亘半空卫巴蜀

马恒健

蓬安县河舒镇燕山寨，是运山之巅一个不到 1 平方千米的小山村。燕山寨的村民是幸运的，20 世纪 70 年代初，收音机还是稀罕之物时，他们已在家门口看上了电视；他们的祖先是荣耀的，13 世纪 40 年代，这弹丸之地竟是管辖蓬池、相如、仪陇、朗池四县的蓬州州府所在地。

独特的地形地貌，使四川首批电视微波差转台之一落户此地，从而使燕山寨村民的娱乐方式大为超前；扼川东北进入蜀中腹地要冲且易守难攻的军事价值，使他们的祖先见证了南宋末期抗蒙“川中八柱”的顶天立地。

历史如此眷顾燕山寨，有一个共同原因，那便是它坐落在一览数百平方千米平坝、丘陵的运山山顶，其“形如屏立，横亘半空”（《蓬州志》），史称运山城。

我国现存的古代城池建筑并不罕见，历代为躲避战乱将居民点迁徙于山城要塞也非四川独有。但是，像四川的南宋城堡，以方山地貌为依托，以迁入州府军政为支撑，构成大区域的防御体系，形成“如臂使指，气势联络”堡垒群落，却是绝无仅有。

据元代学者姚燧《中书左丞李忠宣公行状》(《元文类》卷四十九）载：“宋臣余玠议弃平土，即云顶、运山、大获、得汉、白帝、钓鱼、青居、苦竹筑垒，移成都、蓬、阆、洋、夔、合、顺庆、隆庆八府治其上，号为八柱，不战而自守矣。”

作为南宋末期四川抗击入侵的蒙古铁骑最早构筑、也最为重要的方山城堡之一，运山城南宋军民，抗击令多瑙河悲鸣呜咽、令古印度瑟瑟发抖、令阿拉伯人尸陈黄沙的蒙古军队，长达15年之久。

“川中八柱”《移治碑》

春雨潇潇，春寒料峭。我驾车在河舒镇旁拐上当年为微波站修筑、微波站撤离后废弃的简易公路，向运山城进发。

由于运山如拔地而起，四壁陡峭而无缓坡，公路便一直呈“S”形攀升。泥泞的路面和较大的坡度，使汽车车轮频频打滑。因此，尽管运山城似乎已在头顶，但我仍耐着性子，心怀敬畏地小心翼翼接近它……

这条如同不见首尾的“巨蟒”盘缠于山腰的简易公路上，在南宋抗蒙的年代高筑着三道环城墙，仅城门便有12道。从纪念时任四川制置使的南宋名将余玠迁徙蓬州州治至此及筑城之功，蓬州军民于1251年刻于第三道城墙（内城墙）西城门的《移治碑》残缺的碑文，可以想象运山城宏大气势：“更楼五十余座……三敌楼雄架其上……悬峭千尺，环城壮势具矣。”

简易公路通往运山城西门。临近西门时，我看到的内城墙，是环山顶的陡壁，真可谓墙是山，山是墙。即使用当今火炮轰击此墙，也只能伤及皮毛。外围的两道坚如磐石的防线，加上这道本身就是磐石的防线，使运山城固若金汤，尊享抗蒙“川中八柱”之一的美誉。

如此坚城高墙，于1246年春接受了蒙古军骁将汪德臣的挑战。汪德臣自幼便与蒙古大汗的太子一起习文练武，尤擅山地作战。在此后的钓鱼城之战中，御驾亲征的蒙哥大汗被炮火击伤后，血气方刚的汪德臣竟单骑在钓鱼城南宋守军阵前搦战，结果被南宋守军射出的飞石击中受伤，后病死军中。勇将阵亡，蒙古军士气颓丧，被迫退兵，钓鱼城之围暂时解除。

运山城南宋守军面对汪德臣的强攻，以滚木礌石予以还击。身先士卒的汪德臣的坐骑被击毙后，他步战的功夫也充分施展，竟冒死率步卒攻破两道外城。但是，就在那磐石般的内城墙下，他的亲弟汪直臣被飞石击中丧命，于是，蒙古军终于败下山去。

也就是在这年夏，余玠不避酷暑、跋山涉水千里迢迢登临运山，责令加固城堡，建孔殿、寺庙，修学堂、神祠，以利于安定民心，长期固守。5年后，蓬州军民刻下了那一通著名的“移治碑”。

碧水退敌天生池

当我驾车驶上山顶时，雄架其上的西城门仍不见踪影，唯有不远处的一堵石墙，残留着当年的辉煌。我一问老乡，方知当年建微波站修公路毁了西城门。离西城门几十米远的差转台机房，以及在古福寿宫遗址上修建的差转台职工宿舍，如天外来客，极不合谐地滞留在这座700多年的古城之上。

如同绝大多数四川抗蒙的方山城堡一样，运山城内城墙里地势平缓、开阔，中心城区稍凹。就在这稍凹处，有一口面积约两亩的堰塘，当地人称天生池。自从运山山顶有人定居以来，这池水从未干涸。

在蒙古军队断断续续合围运山城的15年间，每当蒙古军认为山上军民应该饥渴难耐、弹尽粮绝之时，山上便有活鱼抛下。满山活蹦乱跳的鲤鱼，无言地证明南宋军民的生活还过得好呢。这些鲤鱼如同没有烟火的炮弹，将蒙古军的心理战线瓦解。

山上的乡民，还给我讲了一个将此计延伸应用的故事。明末张献忠在清兵入关后退守四川时，运山城成为他抗击清兵的堡垒。驻守运山城的张献忠的一名蓝姓将军，面对清兵合围，也曾抛下鲤鱼，意在显示山上仍可支撑。但清兵中也有知晓历史者，认为这不过是虚张声势罢了，根本不为其所动。这位蓝将军遂破釜沉舟，索性将天生池水放下山去。这一招不由得清兵不得不信山上水源充足，无奈之下只得撤兵。

我站在天生池畔，只见青荇随涟漪荡漾，绿油油的水草在水下招摇，池边，没有人工垒砌的条石。因此它与四川境内其他抗蒙方山城堡中人工垒砌且防漏措施严密的水池很不一样。看来，天生池果然天生。天赐之水，当然取之不竭了。

镇山之宝“纪功碑”

离开天生池，我在一农妇指引下，前往东门，瞻仰刻于 1256 年的“纪功碑”及运山城唯一保存完好的东城门。

东城门面临环城的峭壁外唯一一处缓缓绵延至山脚的山梁，门洞高 2 米多，宽近 2 米。其拱顶，用一块整石凿成半月形装饰。这半月形的石拱向城内的一面，刻有精美的宝瓶盛花图案，向城外的一面，刻有“天外一峰”字样，系清代嘉庆年间所刻。因年代久远，石拱已坠落在地，庆幸的是并未摔坏。据村民讲，文保部门将很快将其复位。

南宋方山城堡城门的位置，是十分考究的，这既要考虑出入方便、运转自如，更要考虑当时已运用于实战的火炮的轰击。因为城门无疑是敌军攻城的主要目标。

我站在门洞里向外眺望，只见左侧是一段数十米长、与城门呈 90 度夹角的城墙；墙下一段宽约三米的平缓坡道，从门前向远处伸延；坡道的右边下面，是千仞绝壁。按常理，这城门可前移至城墙尽头，因为我沿坡道走到城墙尽头，面前还是陡坡。

站在城墙尽头俯瞰，脚下的山梁略有起伏地绵延至山下，视界开阔深远。这时我才明白，将城门内缩数十米，看似给敌军逼近城门时留下一段立足之地，实则避免了城门暴露在沿山梁向上进攻的敌军的视线内，也就避免了敌军火炮的直接瞄准轰击。

实际上，南宋时期四川军民修筑抗蒙方山城堡时，为防炮火轰击，还有一些精细的工艺结构考虑，如城楼临悬崖一侧的墙体呈弧形，可减少炮弹的破坏力，类似当今子弹打在钢盔上会滑掉一样；在城墙上去掉沿袭千年的墙堞，以免炮弹击中墙堞后碎石伤人。古人的智慧，往往令今人佩服。

1254 年，北方久旱春荒，蒙古军骁将汪德臣凭借对川北关隘的熟悉，再次入川袭扰、抢粮，四川境内抗蒙烽烟再起。1255—1257 年，蒙哥汗又命元帅纽璘率劲旅入川，征战于广元、阆中、南充一带。1256 年春，运山城再次经受战火的考验。

此次进攻，蒙古军吸取了上次损兵折将的教训，不慌不忙地在运山城东门外的平坝谷地扎下大营，伺机进攻。经过近半个月的侦罕和试探，蒙古军发现运山城仍无隙可击，遂自行退兵。此后两年里，蒙古军多次觊觎运山城，以期打通通往重庆府的战略通道，但均慑于南宋守军的森严壁垒和高昂斗志，未敢发动大规模进攻。

1256 年，南宋军民在运山城东门刻下“纪功碑”，对这段历史作了明确而详细的记载：“值鞑（蒙古军）侵入伺东城门弥旬，意叵测。侯（蓬州守臣张大悦）不恃险而忽备，惟整静以待之，竟不果犯，引去。”

我沿东城门侧的一条仅容一人通行的崎岖小道，来到距城门数十米远的一处难以立足的绝壁前时，一块高 2 米多、宽 3 米多的刻字石壁映入眼帘，这便是“纪功碑”。此碑正文文字每个约 3 寸见方，共 300 余字，除人为损毁 20 余字，其余的仍清晰可辨。

“纪功碑”如同矗立于天地间的史书，饱经日晒雨淋、风吹霜浸，孤寂地等待今人的回眸一瞥。

“纪功碑”碑文在蒙军占领运山城后竟未铲除，经历“文革”期间的“破四旧”也得以幸存，的确令人感到意外。将来运山城作为历史人文景观予以开发，此碑无疑是镇山之宝。

燕山烟云映汗青

如今，运山之巅的内城中，有 20 多户人家，耕种着 100 多亩田地。泛着蔚蓝色天光的冬水田，绿色毡毯般的麦地油菜地，炊烟袅绕的竹篱农舍，给人以世外桃源之感。

当年它作为蓬州州府所在地，车来人往的街市酒楼，香烟缭绕的凤仙寺、福寿宫，讲学诵诗的孔庙，剑影刀光的武庙，如今已荡然无存。它们具有实际价值的存在，止于 1258 年。

1258 年，蒙哥大汗御驾亲征，率蒙古军主力 10 余万，自甘肃六盘山出发，沿嘉陵江攻入四川，攻克川北屏障苦竹寨、鹅顶堡，招降大获城，进抵运山城下。这位史称“刚明雄毅，沉断寡言”的大汗，沿途几乎没有遇到强硬的阻击，却对巍然屹立的运山城无可奈何。最后，蒙古军用大获城南宋降将杨大渊诱降。曾在“纪功碑”中留名的运山城守臣张大悦，携城投降。但从利州撤退至运山城的利州转运使施择善宁死不降，率所部作殊死抵抗。内外夹攻之下，施择善以身殉国，运山城被蒙古军攻陷。

自 1243 年起，运山城作为抗蒙“川中八柱”之一，在蒙古铁骑掀起的飓风中挺立了 15 年，它以刺破青天的气势，守卫着南宋王朝在四川的残山剩水。

如此一位历史的重要角色，真正退出历史舞台的脚步当然不会戛然而止。在此后的数百年中，运山城作为军事要地，仍战事不断。

明代末年张献忠的农民军，与地主武装的“义师”反复争夺运山城，先后有数万人丧生运山之上。据《蓬州志》载：“厥后李光奇、僧容宏拾积骸而埋之，盖累累数万也。”

1933 年，运山城成为红九军的重要据点。红军及游击队仅 500 余人据守城内，抗击 4 000 余敌军的进攻达三天三夜。激战期间，敌军甚至出动飞机低空盘旋助威。

运山城之所以又名燕山寨，是缘于古时山上春燕多。我在山上盘桓时，却没有看见一只春燕。作为低等动物的春燕，离弃战火不断的土地情有可原，人类似乎不应该将运山城抛得太远，以至于最终将它遗忘……

《蜀地最后的秘境》

后记

本书的编著、出版得到了政协蓬安县委员会、西华师范大学历史文化学院的鼎力支持，从选题策划、人员配备、经费筹措、专题研究等方面给予了充分保障，从而使本书得以顺利问世。

四川古城堡文化研究中心历时5年，12次登上运山古城进行详细考古调查，无论是调查运山古城遗址的次数，还是掌握资料的丰富程度，在目前调查研究运山古城的专业团队中，都是前所未有的。为了全面反映运山古城的研究成果，我们采用了章节体例，第一章由蒋晓春、雷晓龙撰稿，第二章由罗洪彬、雷晓龙撰稿，第三章由蔡东洲撰稿，第四章由罗洪彬、雷晓龙撰稿，第五章由罗洪彬、雷晓龙撰稿，第六章由蒋晓春撰稿，第七章及附录由胡宁收集整理。对他们的辛勤工作，我们表示由衷的敬意！

本书的编著还得到了胡昭曦、龙显昭、邓郁章、何剑青、蔡东洲、金生杨、魏赤中等学者的悉心指导和帮助，他们多次提出具体而中肯的学术意见，让我们受益匪浅。龙显昭先生还为本书题词。

本书的正文插图由四川古城堡文化研究中心提供，彩图中的航拍图片由蓬安县委报道组刘永红、郭安平提供，出土文物图片由蓬安县文管所汤跃明提供。

中共蓬安县委宣传部、中共蓬安县委党史研究室、蓬安县县志编纂委员会办公室、蓬安县文化广播影视体育局、司马相如研究会也为本书的编著提供了很多帮助，在此一并致谢。

编著者

2017年12月